名人小时候的故事

坚持己见的求索

李树芬　谭海芳 / 主编

中国少年儿童新闻出版总社
中国少年儿童出版社
北京

图书在版编目（CIP）数据

坚持己见的求索 / 李树芬，谭海芳主编. -- 北京：中国少年儿童出版社，2025.1.--（名人小时候的故事）. -- ISBN 978-7-5148-9247-5

Ⅰ. K811-49

中国国家版本馆CIP数据核字第2024UT9269号

JIANCHI JIJIAN DE QIUSUO
（名人小时候的故事）

出版发行：中国少年儿童新闻出版总社　中国少年儿童出版社

执行出版人：马兴民
责任出版人：缪　维

策划编辑：白雪静	主编：李树芬　谭海芳
责任编辑：王天晗	绘：刘　卓
版式设计：王点点	责任印务：厉　静
责任校对：杨　雪	

社　址：北京市朝阳区建国门外大街丙12号	邮政编码：100022
编辑部：010-57526379	总编室：010-57526070
发行部：010-57526608	官方网址：www.ccppg.cn

印　刷：河北赛文印刷有限公司

开本：720mm×1000mm　　1/16	印张：10
版次：2025年1月第1版	印次：2025年1月第1次印刷
字数：100千字	印数：1—5000册

ISBN 978-7-5148-9247-5　　　　　　　　　　　　定价：39.80元

图书出版质量投诉电话：010-57526069　电子邮箱：cbzlts@ccppg.com.cn

目 录 CONTENTS

名人小时候的故事

终南山学艺——鲁班　　　　　　　　　1

山洞里读诗的少年——屈原　　　　　　8

孜孜不倦求学路——王充　　　　　　　15

一心向佛之人——玄奘　　　　　　　　22

深山学画虎的画家——厉归真　　　　　28

坚持己见的"云中之子"——王守仁　　34

智取风筝的神童——蔡锷　　　　　　　41

梅花香自苦寒来——梅兰芳　　　　　　47

从倒数第一到全班第一——童第周　　　53

海边长大的音乐家——冼星海　　　　　59

让人难"安"的孩子——李安　　　　　65

对舞台着迷的剧作家——莎士比亚　　　72

抄乐谱的孤儿——巴赫　　　　　　　　78

妈妈的遗物——卢梭　　　　　　　　　　84

在黑暗中寻找文学之路——巴尔扎克　　90

发明飞机的"自行车匠"——威尔伯·莱特　96

"蠢笨"的天才——爱因斯坦　　　　　　102

冲破黑暗的天使——海伦·凯勒　　　　108

"笨笨的"艺术天才——毕加索　　　　　114

看谁会笑到最后——罗斯福　　　　　　120

拥有自己的化学实验室——鲍林　　　　126

缺乏童趣的童年——梅纽因　　　　　　132

追求平等自由的孩子——曼德拉　　　　138

文艺伴我成长——米兰·昆德拉　　　　145

思维奇特的探索者——斯蒂芬·霍金　　151

终南山学艺——鲁班

中国人

工匠、建筑家、发明家

出生地：鲁国（今山东省滕州市）

生活年代：公元前507年—公元前444年（东周）

主要成就：土木工匠和戏班的祖师

优点提炼：有毅力，能吃苦耐劳

我姓公输，单名一个般字。因为"般"和"班"同音，而我生活的地方是鲁国，所以很多人叫我"鲁班"。我出生于一个工匠世家，从小就跟着长辈们在工地上干活儿，天天耳濡目染，使我对木匠这个职业产生了浓厚的兴趣。

我小时候也跟所有的小孩子一样，十分贪玩。但我玩的都跟建筑有关。我会用树枝搭建房子，用砖石建造小桥，或者用树根雕刻出装饰品，等等。

我跟父亲去工地，会学着他的样子做一些手工活儿：他做一个大柜子，我就做一个迷你版的小柜子；他做一个大板凳，我就做一个小板凳，可有趣了！有时候，我玩起来也会忘了时间，甚至连饭都忘了吃。

左邻右舍家的孩子都在我这个年纪专心于读书，因为大家都认为只有读书才是唯一的出路。对于我这种成天沉溺在"玩耍"中的孩子，大人们很是不屑一顾。有时候，他们会"好心"地提醒我的父母，让父母监督我读书写字，而不是整天无所事事地摆弄这些木头什么的。

虽然父母经常被人劝说要对我"严加管教"，但他们却认为我的玩耍都是有意义的，要干好那些木工活儿可不是件简单的事。这不仅需要心灵手巧，也需要智慧。为了让我在这方面有更深的造诣，在我十二岁那年，父母决定送我去跟手艺更好的人学艺。

一天，父亲牵出一匹马，递给我一些钱，对我说："儿子，终南山顶有一位手艺高强的木匠祖师。从今天起，你就去找他学艺吧！"

于是，我拜别父母，骑着马上路了。我日夜兼程，翻越一座座高山，蹚过一条条溪流，终于来到一座高耸入云的大山脚下。我想，这里应该就是终南山了。可我还来不及松口气，就发现面前弯弯曲曲的小路数都数不清。这下我可犯难了：到底哪一条路才是通向山顶的路呢？

我四处搜寻着，希望能找到一位可以指路的人。可路上不见人烟，只在山脚下的不远处有一户人家。我连忙牵着马走过去，看到一位老奶奶坐在门口纺线。于是，我对她作了个揖，客气地问："老奶奶，我要上终南山顶拜师学艺。您能告诉我要从哪条路上去吗？"

老奶奶抬头看了我一眼，放下手中的活儿，指着山脚下的路说道："这里有999条路，最中间那条就是通向终南山的。"

我向老奶奶道了谢，然后来到山脚下，心想：999条最中间的一条，那就是无论从左从右数，都是500条的那条路了。选定了路线，我牵着马赶紧往山上走去。

我来到山顶，看到一间平房，屋门敞开着，远远就看到地上摊着很多烂斧子、烂刨子。我长长地舒了一口气，终于到达目的地了。可是怎么没看到人呢？待我走进那间平房，却发现一位头发和胡须都白了的老人家正躺在床上呼呼大睡呢！

这肯定就是我要拜的师傅了，还是等他醒来再说吧。于是，我蹑手蹑脚地帮忙收拾好地上的工具，然后悄悄坐在门口，等着师傅醒来。

我等啊等啊，直到太阳下山，师傅才醒来。我"扑通"一声跪在他跟前，说："师傅啊，我早就耳闻您的大名。今天特意前来，想要拜您为师，您就收下我这个徒弟吧！"

老师傅愣了愣，揉了揉眼睛，显然还没回过神来，问："你是从哪里来的？叫什么名字啊？"

"我叫公输般,是从遥远的鲁家湾来的。"

老师傅捋了捋发白的胡须,打量了我一番,说:"向我学艺可不是件简单的事。我使用的工具都不知道多久没用过了。你先把它们修理好了再说。"

我打开师傅的工具箱一看,里面的斧子崩了口子,刨子长满了铁锈,凿子都已经弯了。我看着这些工具,真是哭笑不得。可也顾不上多想,我就拿着工具,在磨刀石上磨起来。

我白天磨,晚上磨,经过七天七夜的努力,厚厚的磨刀石被我磨平了,斧子、刨子和凿子也都变得焕然一新,恢复了该有的锋利,刀

刃都发出一道阴冷的亮光。可我的两只手也被磨出了很多血泡。我拿着成果给师傅鉴赏，师傅不住地点头。

我以为师傅对我的测试已经结束了，没想到他把斧子递给我，说："前面的那棵大树，已经长了500年了。你用斧子把它砍倒吧！"

我提着斧子来到大树前，真是被吓了一跳，这棵树可真粗啊，估计几个人都抱不过来。我挥着斧子不停地砍呀砍，经过十二天的努力，终于把大树砍倒了。

我回去向师傅汇报这一个好消息，师傅却又递给我一个刨子说："你先用斧子把大树砍成一根大柁（房屋的大横梁，最长一根称为大柁），然后用刨子把它刨光。"

我接过刨子，毫不迟疑地干起活儿来，直到最后将那根大柁刨得又圆又光，才回去向师傅汇报。

师傅又吩咐我拿着凿子去大柁上凿方的、圆的、斜楞的、扁的各600个孔。

虽然我不明白师傅为什么要我这么做，但我想，其中肯定有他的道理。也许这就是一种考验，让我练好自己的基本功。我接过凿子就去凿孔，凿到眼睛都花了，也没有放弃。我知道，只要自己坚持下来，以后不管凿什么样的孔，都会得心应手。在这种信念的支持下，我凿了整整十二个昼夜，把2400个不同形状的孔都凿完了。

看着眼前这棵大树，被我用了十二天砍下来，然后花了十二天刨光，又花了十二天凿孔，它终于由一棵树变成了一件有用的器具，我心中不由得升起一阵阵自豪感。这下终于可以向师傅交差了！

师傅看着我这一个多月的努力成果，拍拍我的肩膀说："好孩子，我决定收你为徒，把我全部的手艺都教给你！"

听到师傅愿意收我为徒，我心里别提有多高兴了！也是因为这一段时间苦练基本功，让我之后的学艺之路变得轻松了很多、顺利了很多。

延伸阅读

有眼不识泰山

"有眼不识泰山"这个谚语多用来比喻自己见识太少，连有名望的人站在自己眼前也认不出来。可是你知道吗？这里说的泰山，却不是指五岳之中的东岳泰山，而是指鲁班的徒弟泰山。关于这个成语的来历，还有一个小故事呢。

鲁班学艺成功后，精湛技艺誉满天下，当时有很多人争相投到他的门下。可鲁班也不是那么随便的师傅，对于自己的弟子要求也十分严格。鲁班的弟子中有一个叫泰山的人，跟别的徒弟比起来，他的才华不够突出，而且学了好长一段时间，进步也不大。加上因为不遵师训，最终他被鲁班开除了。

时隔多年之后，一天鲁班去集市上闲逛，看到贩卖竹制家具的小摊前人们在争相购买。他凑过去一看，发现这些家具做工精美，非常吸引人。于是爱才心切的鲁班向周围的人打听，这些竹制家具是谁制作的。没想到人们却告诉他，这些都是他的徒弟泰山制作的。

鲁班想起自己当年开除泰山的情景，深感惭愧，唏嘘着说："我真是有眼不识泰山啊！"

从此，"有眼不识泰山"这句话就这样流传开了。

山洞里读诗的少年
——屈原

诗人

中国人

出生地：楚国丹阳（今湖北省宜昌市）

生活年代：约公元前342年—公元前278年（战国时期）

主要成就：中国已知最早的浪漫主义、爱国主义诗人；创立了"楚辞"体，主要作品有《离骚》《九章》《九歌》等

优点提炼：勤奋，有毅力

我叫屈原，是上古帝王高阳氏的后代。我的父亲叫伯庸，是一个很有学识的人。他给我取名"正则"，字"灵均"。根据书上的说法，"正则"代表了"公正而有法则，合乎天道"，而"灵均"则蕴含着"聪

颖智慧而均调"的意境。虽然这只是我幼年时的小名,但它表达了父亲对我的美好期盼,希望我处事有原则,拥有高洁傲然的人格。我长大之后正式使用的名字——名"平",字"原",也是从这美好期盼里面提炼出来的呢!

小时候的我并不喜欢读书,总觉得开开心心地玩耍才最重要。有一天,我和同伴们在院子里踢毽子,正玩得高兴时,仆人跑过来对我说,父亲要我到他那里去一趟。我拿着毽子就过去了。

父亲看到我,慈爱地拍了拍我的肩膀,说:"孩子,你也知道,因为你哥哥有残疾,不能入朝为官,所以为父将希望都寄托在你身上了。现在,你已到入学的年龄,如果整天只顾玩耍,这样下去会耽误学业的。我会尽快安排你到一个好的地方去读书。"

一听说要去上学,我就联想到了被关在笼中的小鸟,于是赶紧辩解说:"父亲,我自己在家也可以学习,还会把功课都认真做完的。"

父亲皱起眉头,说道:"成才不能光靠自己埋头苦读,好的学习环境和老师至关重要。我已经派仆人打听过了,定了一个叫学宫的地方。明天我就送你过去!"

学宫是朝廷开办的学堂,平常百姓是进不去的。我好不容易获得了这个机会,可是心里却并不开心。我觉得学习无处不在,为什么一定要去学宫里规规矩矩地坐着呢?

但是第二天,父亲还是带着我来到了学宫。站在大门外边等老师

时，我从门缝里看到，里边的老师正在教训一个学生。那个学生被老师用竹尺打了好几下手心，疼得眼泪都掉下来了。我心里更加害怕了，想告诉父亲我一点儿都不想在这里读书。

可是一切都已经来不及了。老师教训完学生出来，跟父亲聊了几句，就同意让我进去读书。就这样，我在父亲的身边拜见了老师，正式入读学宫。

为了不被老师训斥，我上课时认真听讲，按时完成功课，慢慢地觉得在学宫里学习也不那么可怕了。我还被老师夸奖是班上最聪明、最听话、也最用功读书的学生，写的文章总是受到老师的称赞。由于学习上越来越得心应手，我开始一步步积累自己的读书爱好，并且逐渐迷上了诗词歌赋。

一次在课堂上，老师看到我在纸上写写画画，便问我在做什么。我开心地告诉他，我在抄写从外面听到的一首非常有意思的小诗。

老师便让我当场朗诵。我毫不犹豫地读了起来。可是老师听着听着脸色突然变了。原来他也听说过这首诗，这是一首在民间广为流传的情歌，叫作《关雎》。说的是一个男子喜欢上了一个采野菜的女孩，便用诗歌来表达他的爱慕之情。

还没等我读完，老师就气急败坏地让我停下来，说这种诗是外面的市井小民胡乱唱的，内容粗俗低劣，登不了大雅之堂，不应该带到学宫里来。

可是我想来想去，还是觉得这首诗文辞优美、意境悠远，不仅好听，还朗朗上口，没什么不好的。于是，我和老师争论起来。老师争不过我，就指责我是个不听话的孩子，还说学生应该以老师的话为训条，不能有自己的想法。于是，他用竹尺责打了我。

我回到家，把这件事告诉了父亲。父亲居然也不支持我的做法。我像个泄了气的皮球一样回到自己的房间，心想，为什么大人们都这么专制粗暴呢？学宫里教的那些无趣的东西，真的是我们唯一应该遵循的吗？用优美生动的文辞来表达自己的真实情感，这难道不应该吗？

从那以后，我不仅没有收敛自己的心性，反倒更加注重从周围人的身上获取新的知识。一遇到新鲜有趣、生动活泼的句子，我就会用心记下来。

有一次，我去田野里玩，听到一名男子正在吟诗。我觉得特别动听，就跑去问这是什么诗。这位男子告诉我，他吟诵的诗叫作《蒹葭》，也是从别人那里口口相传而来的。

我越琢磨越觉得这些诗词很好听，在学官里便不自觉地吟诵出来。不想又被老师听到了。老师气得再次用竹尺责罚了我。我捧着红肿的手掌，坚持不肯认错。因为我相信这些诗歌不是什么邪门歪道，而是最质朴的民歌，能够表达出人们生活中最直接的感情。

可是，要怎么避开老师的检查和父亲的反对呢？我灵机一动，想到了和小伙伴们捉迷藏时找到的山洞。于是，我放学后偷偷把抄录下来的诗集带到山洞中去研读。

从此，不论刮风下雨，还是天寒地冻，我都会躲到山洞里去研读这些民间诗词，一读就是三年。就这样，我从民歌民谣中获得了丰富的知识，为以后的诗歌创作打下了坚实的基础。

延伸阅读

端午节的由来

屈原是一位深受人民敬仰和崇拜的诗人。但是因为他生活的年代奸臣当道,君主听信谗言,使得他的一生境遇坎坷曲折,多次受到排挤和打压。但是屈原并不把这一切放在心上,而是以天下苍生为己任。他的诗词中充满了忧国忧民的爱国情怀。

五月初五是端午,吃粽子。

汨罗江

因为遭到奸臣的陷害，报国无门，悲愤之下心灰意冷，屈原于农历五月初五这天，在汨罗江投江自尽。当地居民为了打捞屈原，自发组织了很多渔船，争先恐后地在江上搜索。因为怕江中的鱼虾吃掉屈原的尸体，老百姓就用粽叶包裹着糯米，做成一种叫作粽子的食物抛入江中，以供鱼儿们争食。后来，每到农历的五月初五这天，人们都会举行相应的仪式来祭奠这位伟大的爱国诗人，于是逐渐便形成了我们今天的端午节。

　　过端午节这一习俗在朝鲜、日本、缅甸、越南、马来西亚和印尼等国后来也广泛兴起。屈原还被列为世界四大文化名人之一，受到世界和平理事会和全世界人民的隆重纪念。

孜孜不倦求学路
——王充

中国人

哲学家、思想家、文学理论家

出生地：会稽上虞（今属浙江省）

生活年代：27年—约97年（东汉）

主要成就：中国最早的无神论者，著有《论衡》

优点提炼：求学上进，执着刻苦

我小时家里很穷，全靠爸爸种地维持生活。我从小就不大合群，别的小朋友都喜欢上树逮鸟、下河摸鱼，可我对这些一点儿兴趣也没有。

爸爸见我不喜欢和小朋友们一起玩，觉得很奇怪，就问我："你看别人家的孩子都在一起玩，多热闹啊！你怎么不跟大家一起玩呢？"

我低着头，小声说："他们不是逮鸟就是摸鱼，一点儿意思也没有。我不喜欢这样！"

爸爸更奇怪了："谁家的孩子不喜欢玩呀？你不喜欢玩，那你喜欢什么？"

我仰起脸，说："我喜欢读书。"爸爸听了，又惊又喜。

在我八岁那年，爸爸省吃俭用把我送到一家书馆去念书。上学第一天，有同学就告诉我："你是新来的，以后可要当心啊！老师可凶了，动不动就打手板。"

我问："为什么要打手板？"

那个同学说："背不出课文要打；字写不好要打；上课说话要打；做小动作也要打。哎呀，反正只要是学生都得挨打。"

听了这话，我很有信心地说："我不会挨打的。"

果不其然，整个书馆一百多个学生，每天因为犯错被打手板的就有十来个，可我从来没有挨过老师的责罚。至于原因嘛，很简单：不犯错，功课好，老师又怎么会无缘无故地打学生呢？几天后，老师给我们讲《论语》和《尚书》这两部古书。讲完以后的第三天，老师检查同学们的背诵情况。大家不是背得颠三倒四，就是磕磕巴巴。老师挺生气，于是有几个同学免不了又挨了一顿竹尺。轮到我背了，同学们都紧张地盯着我，生怕我一个字也背不出来。结果我不着慌不着忙，一字不错地把老师指定的段落背了出来。

老师吃惊地问:"你上学时间不长,怎么这么快就背下来了?"

我说:"您讲一段,我背一段,当天讲的我当天就会背了。所以,您一讲完,我也就全背下来了。"

"哈哈哈,你真是用功的孩子啊!"老师高兴地夸奖我。

转眼几年过去了。就在我学习劲头越来越大的时候,爸爸得了一场大病,不幸去世了。爸爸去世以后,家里的经济来源一下子没有了,生活变得非常困难。我又勉强上了一个月学,妈妈再也拿不出钱来供我读书了。我哭了一晚上,不得不做出一个无奈的决定——退学。

第二天早晨,我迈着沉重的步子来到书馆,轻轻地走到老师跟前,哽咽着叫了一声:"老师。"

老师见我眼睛红肿,也没有背书包,很是吃惊,就问:"出什么事情啦?"

我说:"老师,我以后不能来上学了……"

我把家里的情况说明之后,老师很为我惋惜,但也没有什么办法。他送给我几本书,鼓励我以后要继续读书。我点头答应着。回到家里以后,沉重的生活担子就落到了我的肩上。我白天到地里干活儿,晚上就在油灯下读书。不久,家里的书全让我读完了。可是书中有许多疑难问题弄不懂,我多么希望能有一个老师指导指导我啊!我听老师说过,洛阳的太学(全国最高学府)里有很多大学问家,于是就带着妈妈搬到了洛阳。

到了洛阳，我打听到著名的史学家班彪正在太学里讲学，于是决心向他请教。可是我一连几次到班彪家去，都因为穿得太破旧，被守门人挡在大门外面。我不灰心，每天都去班彪的家门口等着拜见。有一天，终于等到班彪从大门出来，我马上迎上去，跪倒就拜，说："弟子拜见老师，请老师收纳弟子。"

班彪看到我恭敬急切的样子，就把我带进家里。经过交谈，他觉得我是个难得的人才，就推荐我进入太学学习。

进入太学后，我学习更加刻苦了。班彪老师的学识非常渊博，讲课时经常涉及许多知识，范围很广。我为了弄清老师所讲的东西，就把老师讲课时提到的书都找来阅读。不到一年，太学里的书差不多都

让我读遍了。怎么才能继续读书呢？买书吧，家里实在困难。既然买不起，为什么不到书铺去读呢？

于是，我开始把书铺当作自己的书房，整天泡在里面，孜孜不倦地读。不管是酷暑严冬，还是刮风下雨，我每天都早早地来到书铺，帮人家干点儿零活儿，然后自己读书。有时候我在书铺里一站就是一整天，连吃饭、休息都顾不上。卖书的老板被我刻苦读书的精神感动了，专门为我准备了一个凳子，说："我铺子里的书，你以后尽管来看。"我读完了这家书铺里所有的书，又跑到另外一家书铺去读，就这样，几乎读遍了街市上所有书铺里的书。

班彪见我这么酷爱学习，心里很喜欢。他经常对别的学生说："王充的知识广博，记性又好。不仅文史经典和诸子百家说起来头头是道，就连太阳月亮啊，云雨雷电什么的，他也知道，真是个百家通啊！"

延伸阅读

揭穿金佛点头之谜

有一天,王充外出办事,路过一条街的时候见围满了人,便挤了进去。只见场中空地上有一个人盘腿而坐,面前放着一尊金佛,旁边的杆子上挑着一幅黄绫,上面写着"如来算命"四个字。

只听那个人口里念念有词:"各人吉凶祸福,佛祖了如指掌。如若说出事由,佛祖明示吉凶:吉者佛祖点头,凶者佛祖不动。"

王充根本不信鬼神,见他如此招摇撞骗,就决心揭穿他的把戏,于是故意问:"我想做生意,不知能不能赚到钱?"

那个人对着金佛深深作揖,然后拿起金戒尺,在金佛前后左右绕了几圈。当即就见金佛频频点头。那人就说:"恭喜,恭喜,你肯定能发财!"然后,要了王充十枚铜钱。

第二天,王充自己带了个泥塑金佛又来到那条街,对那个算命人说:"请你试试这个如来菩萨,看灵不灵?"那个人一愣,半天一句话也说不出来,最后灰溜溜地拿起他那尊小金佛开溜了。

原来,那个人的金佛是铁质的,头可以动。而那人手中的金戒尺则一头是铁，一头是磁石。他如果想要金佛点头，就握住金戒尺铁质的一端，使磁石的一端在金佛头部绕动，这样金佛哪有不点头的道理呢？就这样，王充在众人面前揭破了他的骗人机关。

大骗子！

一心向佛之人
——玄奘

佛学家、翻译家、旅行家

中国人

出生地：洛阳缑（gōu）氏（今河南省偃师市）

生活年代：602年—664年（唐）

主要成就：汉传佛教史上伟大的译经师之一，中国佛教法相宗创始人；西行取佛经，创作《大唐西域记》

优点提炼：做事执着，富于冒险精神

我们全家都信佛。为了研修佛学，爸爸辞去了官职，二哥出家当了和尚。

在我五岁那年，妈妈不幸病逝后，爸爸开始倾注全部心力教我学习文化知识。我也很争气，没有辜负爸爸的期望，小小年纪就有了超出常人的见识。

不幸的是，在我十岁那年，爸爸也去世了。已经在洛阳净土寺出家的二哥见我孤苦伶仃，就把我带到了净土寺。我每天听老和尚讲经，时间长了，很多经卷都能够背下来，对佛学的兴趣也越来越浓厚。虽然我没有正式出家当和尚，但我对自己的要求比正式和尚还要严格。

有一次，净土寺的和尚集体诵经做功课。时间一长，大家见住持不在，就放下佛经高谈阔论起来。我站起来不满地说："佛经上说，出家人要远离世俗，追求佛法。你们这样做，不是在白白浪费自己的生命吗？"大家听了，都觉得很羞愧，就又认真读起经来。

我十三岁那年，皇帝下令在洛阳剃度二十七个和尚，主考官是大理寺卿（掌握全国刑狱的最高长官）郑善果。当时，要想出家当和尚也是有门槛的，必须通过严格的资格考试。只有那些学问、品德、年龄等都符合要求的人，才能被录取，获得皇帝颁发的度牒，正式成为一个和尚。我虽然非常渴望出家当和尚，可距离朝廷规定的二十岁的出家年龄还差七岁呢，根本就没有资格参加考试。考试那天，我也来到考场门口，看着那些进入考场的考生，我心里羡慕得不得了，迟迟不愿离开。

天快黑了，考生们参加完考试，一个个离开了，可我还在考场门口左右徘徊。就在我快要心灰意冷转身离去的时候，从考场里走出几个官员模样的人。为首的一个官员走到我面前，问道："孩子，听说

你在门口转悠一天了,是不是想出家?"

我用力地点点头,说:"是。"

那位官员又问:"既然这样,你为什么不报名参加考试呢?"

我说:"我没有参加考试的资格,因为我学习佛法的时间很短,修行还很浅。"其实,我不能参加考试的最重要的原因是年龄不够,可是我没有说。

那位官员又问道:"你为什么想出家呢?"

我郑重地说:"我要继承释迦牟尼(佛教创始人)的事业,把佛教发扬光大。"

那位官员端详了我好一阵子,满意地点点头。然后,他扭头对旁边的人说:"我这次要破格录取这个孩子。"

旁边的人马上说:"郑大人,这次选拔的名额只有二十七个,本来就少,怎么能破例给一个孩子剃度呢?"我听他口称"郑大人",这才知道这位官员就是主考官郑善果。

郑大人解释道:"我们录取的标准主要是能默写、能背诵多少卷佛经。这种文字记诵的功夫容易练成,但天生的风骨却难得一见。我看这个孩子很有成佛的风骨。如果剃度他,将来他一定会成为佛门中一个非常伟大的人才。"

就这样,我被破格录取,在净土寺正式剃度出家了。不久,天下大乱,战乱和饥荒接连不断。为了找到一方研修佛法的净土,我和二哥离开洛阳,先到长安,然后又到了四川成都。在短短的两三年内,我刻苦学习,精通了佛教的重要经典,成了一个名望很高的和尚。可是,我是一个求知欲很强的人,当觉得自己学得差不多的时候,便又产生了到远处求学的念头。

我对二哥说:"咱们到成都已经好几年了,这里的佛经我都学完了。我想离开此地,再到别的地方去求学。"

二哥说:"这里的佛经足够咱们学一辈子的了。那些佛法高深的大师们,读的不也是这些佛经吗?"

我说:"可是我想学习更多的佛学知识,懂得更多的佛学道理。"

二哥见我这么固执,退一步问道:"那么,你想去哪里?"

我说:"我想去中原。听说那里有许多名师呢!"

二哥一听,语气坚决地说道:"不行。现在到处都不太平,中原一带更是民不聊生。相比而言,这里还称得上是一块净土。咱们不能离开这个地方去中原。"

"二哥不愿意去,那我自己去。"我说。

"不行。我不去,你也不能去。"听二哥的语气,没有丝毫商量的余地。

二哥的态度并没有打消我到中原求学的念头。几天后,我便不辞而别,寻求更加高深的佛学去了。

延伸阅读

玄奘与高昌国王的兄弟情

玄奘一路西行取经,历尽了千辛万苦,途中来到高昌国(今新疆吐鲁番)。

玄奘被安排在一间重阁宝帐中住下。高昌国王麴(qū)文泰亲自张罗,将玄奘的起居食饮一一安排停当才离开。过了一会儿，麴文泰的王妃带着十多个侍女又来拜见。第二天早上一大早，麴文泰又亲自领着王妃及大臣们，在帐下等候拜见。

麴文泰这么殷勤款待，其实就是想请玄奘长期住下来，接受高昌民众的供养。可玄奘西行取经目标宏远，怎么肯留下呢？情急之下，麴文泰干脆将他软禁在宫中。玄奘毫不屈从，更以绝食表明自己的态度。

麴文泰每天亲自托着餐盘，连说带哄，希望玄奘吃饭。可连续三天三夜过去了，玄奘硬是没吃一粒米，没喝一口水。到了第四天，他已是奄奄一息。

麴文泰非常愧疚，跪下叩头说："法师，你要西行，你就去吧，我再也不会阻拦你了。现在，只求你吃点儿东西。"

玄奘担心麴文泰耍花招儿，要求他对天发誓。麴文泰照办了，并请求玄奘在佛的面前与自己结拜为生死兄弟。于是，在麴文泰母亲的主持下，高昌国举行了盛大的礼仪，麴文泰与玄奘结为兄弟。

在此后西行的路上，玄奘凭借高昌王弟的身份也受到了西域各国的优待。

深山学画虎的画家
——厉归真

中国人　画家

出生地：具体出生地不详，今江西省

生活年代：约870年—950年（五代·梁）

主要成就：代表作有《渡水》《牧牛》《牛》《虎》等

优点提炼：求实求真，持之以恒

我叫厉归真，是个放牛娃，但是很喜欢画画。我从小在自由的田野里快乐成长着，因此，对大自然有着一份特殊的情愫。每次呼吸着草地上清新的空气，看着牛儿在大自然里欢快地跑动、吃草，我都会感觉很惬意。

因为每天跟牛朝夕相处，我对它们的一举一动都烂熟于心。没事的时候，我就在沙地上用木棍画牛的神态。牛就像我的好朋友一样，安安静静地给我当模特儿，而我只需要给它们弄些青草就够了。

时间久了，我能把牛画得栩栩如生。人们看到我的画，也都啧啧称赞。渐渐地，我对画画的兴趣越来越浓，画画的功力也越来越深厚，思路也渐渐拓展开来。我开始画一些禽鸟花卉和随处可见的景物，后来，我的名声也渐渐在外响亮起来。

看到自己的画受人欢迎，我就想着把它们拿去卖个好价钱，也好贴补家用。于是，我把自己的得意之作——那些神态各异的牛——都拿去集市上叫卖。看到我小小年纪就能画出这么多逼真的画，乡亲们都竖起大拇指称赞，却没有一个人肯花钱买我的画。

等到天黑时，人来人往的街道渐渐冷清，画却一幅都没有卖出去。这可真让我感到奇怪：既然大家对我画的牛评价都很高，却为什么都不愿意买呢？

这时，又过来一位"看官"。他对我的画夸赞一番之后，也准备离开。我一把拉住他，问道："为什么你们都不愿意买我的画呢？是我哪里画得不好吗？"

那人却摇摇头说："并不是你画得不好，只是一般有点儿身份的人都不愿意买幅牛回去挂在厅堂里啊。"

听了他的话，我才恍然大悟：是啊，牛是很常见、很普通的牲畜，又不是什么高雅之物，有谁愿意买一幅牛画挂在墙上呢？

这样一想，我心里就舒服多了。如果要卖钱的话，绝不能仅凭自己的喜好，而是要画大家都喜欢的东西呀！那我该画些什么呢？

我想了想，一般的名门权贵家的厅堂上都挂着一幅威严的"老虎图"，这样才叫霸气十足啊！于是，我决定学着画老虎。

可是，我遇到了一个大难题，我从来没见过老虎呀？我只能凭着在别人家看到的老虎图，再加上别人对老虎的描述，融入自己的理解来画。可是，我画来画去，画了很多，虽然画得很像，却总是缺点儿什么。关键在于没有老虎的霸气，倒是有几分牛的悠闲之气。

我拿着这些画去卖，毫无疑问，更是无人问津，还有人笑着说画的是"死老虎"。这可怎么办呢？可把我急坏了。

好在天无绝人之路。就在我陷入"创作的瓶颈期"时，有人告诉我附近的一座荒山野岭有老虎出没。听到这个消息，我可是整整兴奋了一晚，想着一定要找到老虎，把它的模样活灵活现地画出来。

第二天一大早，我备足了干粮和笔墨纸砚就上路了。我来到猛虎出没的荒山野岭，一连搜寻了好几天，都没遇到老虎。

就在我有些泄气的时候，遇到了一位山民。他好心地告诉我，老虎一般白天都潜伏在森林中休息，等到晚上才会出来觅食。这样一来，我又看到了希望。

可是要在三更半夜一动不动地待在密林中，还要与老虎"亲密接

触",这可是个不小的挑战,一不小心就会连自己的命都搭进去啊!我想起这些,就有些不寒而栗。可是不入虎穴,又怎能近距离地观察到它的神态呢?我开始犯难了。

为了保障安全,我在森林中找到一棵大树,在上面搭建了一个隐蔽的棚子,便在里面住了下来。这样,每天等到太阳下山后,我就坐在棚子里,静静等候老虎出现,然后用心观察它的一举一动。为了节省时间,我把看到的老虎的形态都画成白描,站着的、蹲着的、伏地的、捕食的、发威的……各种各样,应有尽有。等我觉得收获差不多的时候,就带着一沓厚厚的画稿心满意足地回家了。

但这还没有结束。为了画出老虎的动态感，我又从猎户那儿买来一张老虎皮，把它披在身上，然后模拟老虎的动作在家里蹦蹦跳跳，用心琢磨老虎的神情。

经过这段时间的实地观察，我提笔画老虎的时候就好像心中有一只老虎一样，下笔如有神助，很顺畅地就画出来了。而且我画的老虎就像活的一样跃然纸上，再也不是以前的"死老虎"了。

这时，我再把自己的画作拿到集市上去卖，就吸引了很多人前来围观，而且大部分人都爽快地掏钱买了。哈哈，我的画终于"叫好又叫座"了！不久之后，很多人慕名前来买画，我家小小的庭院里常常挤满了人，这让我还真有些应接不暇呢！

延伸阅读

画鹰赶跑雀鸽

厉归真的画栩栩如生，让人难分真假。有时候，就连动物也被他的画糊弄了。

有一次，厉归真到南昌的一个道观里游玩。他看到观内的一尊塑像上污迹斑斑，觉得有些可惜。凑近一看，才发现这些都是麻雀、鸽子的粪便。

怎样才能不让麻雀和鸽子在这儿停留呢？厉归真突然想到，鹞鹰是麻雀、鸽子这些小鸟的天敌。如果能让一只鹞鹰在这儿驻守，问题就迎刃而解了。可是，要去哪里弄一只鹞鹰来啊？厉归真又犯难了。

不过，厉归真的眼珠骨碌转了转，很快就想了个好办法。他提笔在墙壁上画了一只鹞鹰。这只鹞鹰雄劲威猛，栩栩如生，完全达到以假乱真的程度。从此以后，麻雀和鸽子之类的小鸟再也不敢在这尊塑像前乱飞，更不敢在上面拉屎了。

坚持己见的"云中之子"
——王守仁

中国人

哲学家、政治家、军事家、教育家、兵部尚书

出生地：浙江绍兴府（今浙江省余姚市）

生活年代：1472年—1529年（明）

主要成就：平定宁王之乱，心学之集大成者，代表作有《王阳明全集》《传习录》《大学问》

优点提炼：有主见，多方面发展

我叫王守仁，但这并不是我最开始的名字，刚出生时我叫王云。关于这个名字，还有一个美妙的传奇故事呢。据说在我出生前，祖母梦到有人驾着祥云，抱了一个孩子过来，梦醒后正好我出生了，祖父就为我取名为"王云"。

我到五岁时仍然不会说话,这可把家里人都急坏了。直到有一天,我在田野间玩耍时,有一位僧人经过,他径直朝我走过来,摸摸我的头,说:"好个孩儿,可惜道破。"

这个僧人说话奇奇怪怪的,我当然听不懂,觉得莫名其妙。这件事情后来传到了祖父耳朵里,他倒是挺上心的。他皱着眉头在家里仔细琢磨,终于恍然大悟:原来我名字中的"云"字,道破了出生时有人驾云而来的秘密。于是,祖父为我改了名字,叫"王守仁"。

事情说来也有些蹊跷,自从我改了名字后,竟然可以开口说话了。那天,母亲在做针线活儿,父亲忙着看书。我在一旁觉着无聊,就大声朗读起来:"大学之道,在明明德,在亲民,在止于至善……"

我这一开口，犹如决堤的黄河一样滔滔不绝。祖父听到我读书的声音，惊喜地冲进来，问道："你从哪儿学的这些啊？"

我眨巴着眼睛说："父亲平常念书时，我在一旁听到了，就在心中记下来了。"

听到我的回答，大人们都惊呆了，没想到我不开口也就罢了，一开口竟然一鸣惊人啊！从此以后，家里人开始教我学文习武。为了让我接受最好的教育，祖父花了大笔的"择校费"，把我送到一所师资雄厚的重点学校去念书。

我的领悟能力很强，通常能举一反三，这让老师们都很欣慰。不过，我并不是老老实实读圣贤书的那种人，脑子里时不时会蹦出一些奇怪的问题。比如，高山和月亮到底哪个大呢？如果月亮比山大，为什么看起来是山更大一些呢？如果人的眼睛有天那么大，是不是看到的山更高、月亮更大呢？我甚至还写过一首这样的诗：

山近月远觉月小，便道此山大于月。

若人有眼大如天，当见山高月更阔。

这个问题真的好复杂呀！不仅我自己找不到答案，大人们也回答不上来。我脑子里的古怪想法还有很多。后来我又遇到了另一个问题，人生的意义是什么，什么才是最重要的事情？我拿这个问题去请教老师，老师想也没想，就回答我："最重要的事情嘛，当然是好好读书，将来高中状元，出人头地啰！"

我想了想，觉得有点儿道理，但又不全在理。于是，我向老师说出了自己的看法："我觉得中状元出人头地，应该算不上是最重要的事。读书明理、明德，成为像圣贤那样学识渊博、品格高尚的人，那才是最重要的！"

听了我的回答，老师当时也愣了一下，随即露出了微笑，鼓励我好好读书。

其实，我除了喜欢读书思考，还喜欢舞刀弄枪，研究兵法。我经常趁老师不在的时候，带着同学们去校外玩耍。我们最爱玩对战的游戏。通常我扮演将军，小伙伴们则是我手下的士兵。只要我一声令下，我手下的"士兵们"就会冲锋陷阵，和"敌人"打得不可开交。让人高兴的是，我指挥的这一边每次都会赢，因此大家都喜欢跟我一起玩。

有一次，当我玩得正开心的时候，突然有一种异样的感觉，觉得背后有一双带着怒气的眼睛正盯着我。我转身一看，就看到了父亲那张阴沉的脸。我吓得不敢动弹，傻呆呆地站在原地。小伙伴们看到我的脸色突然变了，也都停下"战斗"，群龙无首般地不知所措。

我心想：完了，被父亲抓到了，他是最不喜欢我玩这种游戏的。可是，父亲平常这会儿不是在翰林院上班吗？我都是摸准了他的作息时间才出来玩的，为什么今天他会出现在这里？难道是提前下班了？哎呀，真是"智者千虑，必有一失"啊！

父亲看到我没有认真读书，而是带着一帮人在外玩耍，气就不打一处来，冲着我怒吼："我们家世代以读书为乐，你却在这儿做些没用的游戏！走，给我回去读书！"

听到父亲的话，我反驳道："读那么多书有什么用？"

这话让父亲更生气了。他大声呵斥我："你连这个都想不明白吗？读书好就能像我一样，中状元当大官！"

"父亲您虽然中了状元，但不代表我也能中状元。而且读书人一般都不懂用兵打仗的事，只会在太平时期作作诗、写写字，等遇到国家有难，就什么都做不了了。这实在是读书人的羞耻！"

"你……"父亲本来已经举起手来，准备要揍我，但是听到我的话，却一下子惊呆了。也许他也感觉到我的话有道理吧！从那以后，父亲就不再那么硬逼我读书，而是遵从我的想法，让我自己做主了。

太好了，我终于能够支配自己的兴趣爱好了！其实我也不是那种沉溺于玩耍的人。我有一个远大的志向，就是要成为一名"通儒"，不仅懂文化知识，还要懂得兵家之事。所以我在读书的同时，也多方面发展自己的兴趣和爱好，全面培养自己的能力，就这样一步步地向"通儒"的目标迈进。

延伸阅读

王守仁和《哭象棋诗》

　　王守仁曾写过一首《哭象棋诗》。关于这首诗的来历,有一个小小的故事。

　　王守仁酷爱象棋,小时候就能与大人下棋,而且往往能杀得对手大败。后来,他痴迷象棋到了废寝忘食的程度。他母亲看在眼里,既心疼又气愤。

有一天，王守仁在河边与人下棋。母亲三次催他回家吃饭，他都浑然不觉。最后，母亲实在没有办法，就抓起棋子，挥手扔到了河里。

这时，王守仁才猛然惊醒。他看着随水漂走的棋子，痛惜得捶胸顿足。但是他又看到母亲也在默默流泪，不禁心酸起来。复杂的感情涌上心头，王守仁诗兴大发，随即作了一首诗：

象棋在手乐悠悠，苦被严亲一旦丢。
兵卒坠河皆不救，将军溺水一齐休。
马行千里随波去，士入山川逐浪流。
炮响一声天地震，象若心头为人揪。

这就是流传至今的《哭象棋诗》。

智取风筝的神童——蔡锷

中国人

军事家

- 出生地：湖南宝庆府（今湖南省邵阳市洞口县）
- 生活年代：1882年—1916年（清末至中华民国）
- 主要成就：发动反对袁世凯称帝的护国战争，再造共和
- 优点提炼：坚定不移、临危不惧

清朝末年，我出生于湖南宝庆府的一个贫寒裁缝家庭。我从小就表现得古灵精怪的，做事有胆有识。村里有个姓刘的秀才非常喜欢我，问我愿不愿意读书。我很想读书，可是家里穷啊！刘秀才说："没关系，

你可以来我开办的私塾里读,我亲自教你,分文不收。""好啊,好啊!"听到这样的好消息,我真比过年穿新衣服还高兴。

就这样,我在刘秀才的私塾里开蒙读书了。我记性好,悟性强,很快就熟读了"四书""五经"及许多古典名著,打下了深厚的文学功底。刘秀才亲自辅导我的课业,他对我的进步惊讶不已,就跟我父亲说:"艮寅(我小时候的名字)是一棵好苗子,将来前途无量。"

我十一岁时,前往宝庆府参加秀才考试。路途遥远,又不通车马,只能走路。当时我的身体很弱,走了很远的山路,实在走不动了,父亲就背着我前行。

一位乡绅见我年纪这么大,还要父亲背着走路,十分感慨,脱口吟了一句:"儿将父做马。"嘲讽我把父亲当马骑。可是他哪里知道,我趴在父亲暖暖的背上,感受到的是浓浓的父爱啊!于是我随口应道:"父愿子成龙。"乡绅见我对得如此迅速和工整,也就不好再说什么了。

那一次,我不负众望,考中了秀才。很快,小神童的称号就传遍了全城,一时还轰动了府县。要知道,十一岁便考中秀才可不是件容易的事,很多人读了一辈子书都考不上呢。

当地的名士樊锥听说了我的事情后,有意收我为弟子。但他对我的才能心里还不太有底,就出了一句上联考我:"千年柳树做衣架。"我应声答道:"万里山河当澡盆。"

樊先生见我如此机智,便欣然收我为学生,带到他家里悉心教导。

我除了在县学上课以外，平日都在樊先生门下专心苦读，很快便通读了先秦诸子百家的著作。

有一天，我和同学们在户外放风筝。玩得正高兴时，一阵大风吹来，风筝断了线，飘飘悠悠掉进了知府家的花园中。大家都束手无策，谁也不敢进去索要风筝。

我见同学们都畏缩不前，就自告奋勇地说："你们不敢去，我去。不就是知府家花园吗？有什么大不了的！"大家纷纷拍手。有的人却露出幸灾乐祸的表情，等着看我出洋相。

我翻过围墙，跳进花园中，眼看风筝就落在不远处，便快步跑过去，准备捡回来。恰好知府在园中散步，看见一个小孩儿跳进来，便叫家丁上前驱赶。

我大声喊："请别赶我走，我是来捡风筝的。瞧，我的风筝就掉到那儿了！"

知府向周围扫视一番，发现小亭子旁边果然有个断了线的风筝。他慢慢走过去，将风筝捡起来，然后走到我面前说："看你的样子，倒像个读书人。你会对对子吗？"

我一扬头，自信地说："对对子我可是很拿手的。"

知府笑了："小小年纪，口气倒不小。如果你能对出我的对子，风筝就还给你。否则，我可要定你私闯民宅之罪。"

我仍旧信心满满："大人尽管出题好了！"

知府踱着方步，四下查看，寻找题目。这时，我的同学们都趴在围墙上偷看，他们在等着看我能不能顺利捡回风筝。知府看到墙外冒出的这几个小脑袋，触景生情，马上吟出一句上联："童子六七人，无如尔狡。"意思是：在这六七个孩子中，数你心眼儿最多。

我心里暗想，这算什么心眼儿呀？我还有更绝的呢！于是，我马上对出下联："知府二千石，唯有公……"说到这里，我故意留下一个字，不说出来。

知府见我卡住了，以为我对不上来了，就揶揄道："是不是卡住了呀？你尽可以多考虑考虑。"

我摇摇头，调皮地眨了眨眼睛说："这最后一个字，我有两个选择，却不知哪一个好，想请大人自己来挑。如果您还我风筝，那就对'唯有公廉'；如果不还呢，那我就只好对'唯有公贪'了。"

知府听了哈哈大笑，爽快地将风筝还给了我，说道："没想到你小小年纪，竟有如此才智。这个风筝只能还给你了，贪官的罪名我可不愿背负。"

我接过风筝，深深地一鞠躬，也不走大门，依然爬上围墙，跃到院外，和同学们高高兴兴地离开了。

日子过得飞快，转眼间我已在樊先生门下学了三年。有一天，他让我就什么最高、什么最深写一副对联。我想了想，回答他："高，高于人心；深，深于典籍。"

樊先生对我的回答非常赞赏。他说："你没有用'天高海深'这样的俗语作答，而用的是'人心'和'典籍'，可见你志存高远，懂得修身和处世的道理。希望你长大后，能把自己的聪明才智用到治国救民的大业中去。"

樊先生的话对我产生了很大影响。后来，清王朝的统治日趋衰落，帝国主义列强又虎视眈眈，国家已到生死存亡的关头。我像许多热血青年一样，迫切地探索着救国救民的道路。

延伸阅读

文武双全的将领

蔡锷年少时身体瘦弱，性格文静，但参军后却身手非凡，经常显露出自己的英武气概。有一次，他要骑马出去办事，并没有像惯常那样，斯文地踩着马镫迈腿骑上去，而是用皮鞭轻抽一记马身。眼看着马已经跑出去八九步，蔡锷才一甩皮鞭，大步飞奔过去，纵身一跃，跳上马背，然后双腿一夹马腹，一路绝尘而去。围观之人，各个拍手叫好。

袁世凯曾说过："蔡锷的精悍远在黄兴和其他国民党人之上，即便是宋教仁，可能也比不上他。"这一评价不可谓不高。确实，如果说黄兴是民国的创立者之一，那么蔡锷就称得上是再造共和的先驱者。

梅花香自苦寒来
——梅兰芳

中国人

戏曲家、京剧表演艺术家

出生地：北京市

生活年代：1894年—1961年

主要成就：京剧梅派创始人，将京剧影响力推向世界

优点提炼：勤奋用功，善于创新

  我出生于一个京剧世家。祖父是京剧四喜班的班主，主要扮演旦角（年轻女性角色）。父亲也是京剧演员，不过他在我四岁那年就去世了。我从小跟着伯父梅雨田长大。他是有名的琴师和笛师，为京剧、昆曲伴奏，懂很多戏。在长辈的熏陶下，我从小就喜欢看戏、听戏。

八岁的时候，我跟着一位姓朱的老师开始学戏。我学的也是旦角。男孩子学旦角可不容易，为了扮演女性角色，我无论唱曲、念白都要用假嗓子，表演身段也要模仿女性，这些都需要刻苦练习。

我的先天条件并不好。第一出戏我学的是《二进宫》，朱先生反复教我，我还是不能上口。朱先生见我进步太慢，认定我不是学戏的材料，不肯再教我了。我恳求朱先生留下来，可他却说："祖师爷不想给你吃这碗饭，我也没办法。"说完就拂袖而去。

朱先生的话像一根针刺疼了我的心。我想，难道别人能学会的戏，我就学不会？难道我真的比别人笨吗？

我暗下决心，非要学出个样子来不可。我那时年纪小，也没什么好方法，唯一能做的就是不断练习。同样的一段唱词，别人一般唱六七遍就掌握了，我却要唱二三十遍。渐渐地，我练出了一副又宽、又亮、又圆润甜美的好嗓子，唱出曲子来让人特别爱听。

后来，我又拜了一位姓吴的老先生为师，学习青衣。吴先生对我的训练十分严苛，但我不怕辛苦，总是按老师要求的那样去做。

吴先生教戏特别认真。每天天不亮，他就带着我去公园吊嗓子，从不间断。教唱腔时，他会先给我们讲每部戏的剧情，再解释唱词，等我们都理解了，才开始教身段。

学京剧的人都要练跷功，我也不例外。吴先生让我踩着半米长的高跷，站在板凳上，脚下还要垫一块砖头，并要求坚持一炷香的时间。

起初，我在平地上都站不稳，更别说站到板凳上了。每次刚一站好，"啪"的一声就摔下来了，都不知道从板凳上面跌下来了多少次。后来我勉强能站住了，但坚持不了三分钟就会浑身打战，满头冒汗。

为了练好跷功，我又想出了其他一些不同寻常的方法。

到了冬天，到处天寒地冻的。我在庭院里洒上水，制造了一个简易滑冰场。冰面光洁如镜，人走上去都免不了摔跤。可我却要踏上高跷到冰场上跑圆场。其后果可想而知，没过几天，我身上就摔得青一块紫一块的了。

吴先生看了有些心疼，就对我说："休息几天再练吧！"

我却坚决地说："先生，您不是常说'练功练功，一日不练三日空'吗？我不刻苦练习，怎么能对得起您的教诲呢？"

先生无奈，只好让我继续练下去。我坚持练习了一个冬天，终于可以在冰上行走自如，几乎不摔跤了。

冰上踩跷的训练虽然严苛，但对我的帮助很大，令我很快就掌握了踩跷的诀窍。等到我年纪大了，演出《醉酒》《穆柯寨》一类的刀马花旦戏，仍然感觉不费力。这多亏了当年严格训练跷功啊！真可谓"不受一番冰霜苦，哪得梅花放清香"！

后来，我家从百顺胡同搬到芦草园，开始搭班"喜连成"戏班演出。"喜连成"的班主叶春善给我取了个艺名，不过并不是日后大家都熟悉的"梅兰芳"，而是叫"喜群"。

有年冬天，我们在吉林演出。早晨，我照例早起，在小树林里练习剑舞。

叶班主与当地一位绅士牛先生早起散步，发现了树林里的我。这位牛先生平生酷爱京剧，也欣赏过不少武林高手的表演，但这次却被我的练功吸引住了。

他见我动作敏捷，一把剑舞得寒光闪闪，风声嗖嗖，一点儿都不像京剧里的花式舞剑，倒好像是真正的武林高手一样。看到最后，他情不自禁地连连拍手叫好。

我虽然早就注意到了他们，但不好意思贸然打招呼。这时候，一段剑舞练习结束，我赶忙收剑跑过去，向他们鞠了一躬，并不好意思地说道："牛先生，献丑了。"

牛先生见我仪表堂堂，举止潇洒，虽然年纪不大，但却自有一股沉稳的风度，便问："你可曾有艺名？"

叶班主替我回答："我给他起了个艺名叫'喜群'，您看如何？"

牛先生沉吟良久，说："这孩子相貌举止不俗，以后必成大器。我给他换个艺名，叫'梅兰芳'如何？"

叶班主高兴地点点头，对我说："梅兰竹菊，是花中四君子。你的名字占了其中一半。今后做人处世，不要忘了君子之风，要对得起牛先生对你的期望。"

我郑重地向他们二位致谢："不管世事如何变化，我都不会忘了二位先生今天的教诲。"

从那以后，我就用"梅兰芳"这个艺名登台，努力钻研京剧，一刻不敢懈怠。

延伸阅读

蓄须明志

抗战前期，梅兰芳为了躲避战乱，移居到了香港。可是

1941年年底,日军占领了香港。梅兰芳十分苦恼,对妻子说:"如果日本人叫我演戏,怎么办呢?我得想个办法拒绝,绝不能做献媚日寇的汉奸。"

于是,从第二天开始,梅兰芳早晨起床后,就不再刮胡子。要知道他演的是旦角,是不能留胡子的。

没过多久,一位叫酒井的日本军官果然前来邀请梅兰芳登台唱戏,妄图粉饰太平。他见梅兰芳留着胡子,大吃一惊,说:"像您这样的大艺术家,难道就准备离开艺术舞台了吗?"梅兰芳说:"我是演旦角的,年纪大了,扮相不好看,嗓子也不行了,只能留在家里安度晚年了。"

酒井还不死心,就说:"胡子可以剃掉,嗓子也可以吊吊嘛!"梅兰芳正色说道:"就算剃掉胡子,我也不会登台的!你们如果实在请不到人的话,我倒有个建议,凭着阁下肥大的脸庞,完全可以画个大花脸上台表演!"酒井无可奈何地干笑了两声,失望地离开了。

从倒数第一到全班第一
——童第周

出生地：浙江省鄞县（今宁波市鄞州区）

生活年代：1902年—1979年

主要成就：中国实验胚胎学的开创者之一；完成难度很大的青蛙卵剥离术；培育出具有金鱼和鲫鱼两种鱼性状的新鱼——"童鱼"；主要著作有《鱼类的细胞核移植》等

优点提炼：水滴穿石的奋斗精神，坚持，不服输

生物学家、教育家

中国人

我叫童第周，出生于一个贫穷的"文化家庭"——父亲是村里的私塾先生。从小我就跟着父亲识字、念书。

小时的我是个好奇宝宝，脑子里总是装着"十万个为什么"，凡事总要问个原因出来。父亲有时能解答出我的"为什么"，有时也会

被我问得哑口无言。

有一天，我和小伙伴们在屋檐下玩"跳房子"的游戏。突然，我发现石板靠外的地方，整整齐齐地排列着一行手指大小的坑。

"咦，这是谁凿的呢？凿出这一排小坑有什么用呢？"我把父亲从屋子里拉出来，接连问了他两个问题。

父亲看了一眼地上，拍了拍我的脑袋，笑着说："小傻瓜，这可不是人凿出来的。这是屋檐上的水滴下来形成的！"

"骗人！屋檐上滴的水掉在我头上，我都感觉不到疼，又怎么能在石板上凿出小坑来呢？"我一脸的不相信。

父亲耐心地向我解释："一滴水当然凿不出坑来。但是，只要雨水长年累月地滴落，就能凿出坑来，甚至还能凿出洞来呢！这就是古人所说的'滴水穿石'呀！"

我对父亲的话半信半疑，决定等到下雨天再来仔细观察一番。

一天，终于下大雨了。我坐在门槛上，静静地看着雨水一滴滴地打在石板的小坑里，滴答、滴答……多么铿锵有力啊！我似乎理解了父亲的话，也开始相信滴水穿石的力量了。

因为家境贫困，去正式的学校读书对我来说简直是种奢望。不过还好，在哥哥们的资助下，我最终进入到不用交学费，还管食宿的宁波师范预科班学习。

我十分珍惜这个来之不易的学习机会。当然，我也没有就此满足，

因为我还有一个更大的目标——去效实中学读书。那可是宁波的一流学校！

效实中学用英语教学，对英语能力的要求很高。而且，学校十分重视数理基础。而我从未学过英语，念私塾时也只接触过文史方面的知识，进入预科班时才刚开始接触数理。这对我无疑是个不小的挑战！

可是，还有更大的挑战在等着我呢！哥哥们又带来了一个不好的消息：效实中学这次不招一年级新生，只招到三年级插班的优等生。哥哥们替我深深地担忧起来。在他们看来，我只读过几年的私塾和一年的师范预科班，要考上效实中学的一年级就已经很费劲了，现在还要挑战三年级的插班优等生，这简直是天方夜谭。但我的决心并没有因此打折扣，反而更加坚定了。

靠着滴水穿石的精神，经过一个暑假拼命的学习，我成功地考进了效实中学初三插班生的行列，终于如愿以偿。不过，我是以"倒数第一"的成绩考进去的。

成绩上的落后并没有让我自暴自弃。考入效实中学只是第一步，我需要付出更多的努力，追赶同班同学，将来还要攀登更高的知识和科学的高峰。所以每天晚上大家都休息后，我仍在路灯下学习。

没过多久，学校里竟然传出了"童第周不顾学习，谈恋爱到深夜"的消息。刚听到这些传闻，我心里十分委屈。但我转念一想，如果我的成绩有所提高，传言自然就会不攻自破，所以完全不用理会这些谣言。

就这样持续了一段时间。有一天深夜，我正在路灯下看书时，突然听到有人在问我："深更半夜的，你怎么还不回寝室睡觉呢？"

我抬头一看，发现是教数学的陈老师，于是回答道："陈老师，我要抓紧时间把成绩赶上去。我不想永远都是倒数第一名。"

听到我的话，陈老师愣了愣，还是坚持劝我回去睡觉。但想到我的学习水平跟同学们的差距，我怎么能这样轻易放弃呢？于是，等陈老师走远后，我又继续捧着书本学起来。

第二天的数学课上，陈老师当着全班同学的面郑重地说："我亲眼看到童第周同学熄灯后还在寝室外的路灯下专心致志地读书。他太勤奋了！"他清清嗓门儿，继续说，"童第周曾经是全班成绩最差的学生。但衡量一个人的知识和能力，不能仅仅用考分来判定，最终还要看他如何走自己的奋斗之路。"

有了陈老师的这一番话，流言渐渐沉寂下来。这样安静地过了一段时间后，终于迎来了期末考试。结果我的各科成绩都达到了70分，几何甚至得了满分。再等到高三期末考试的时候，我的总成绩竟然冲到了全班第一。

从"倒数第一"到"正数第一"的跨越，使我认识到：我并不是天生就比别人笨！别人能做到的，我经过努力一定也能做到！

延伸阅读

昂贵的显微镜

抗日战争时期，童第周在一所大学教书。在教学之余，他还一直坚持胚胎学研究。搞研究当然少不了要做实验，但是实验器材的简陋和短缺可把童第周急坏了。

有一天，童第周在镇上的旧货摊上看到了一台双筒显微镜。这可是胚胎学研究的"宝贝"啊！童第周高兴极了，赶紧跑回家拉着夫人一起去看"宝贝"。两人兴高采烈地跑到旧货摊前，却被当头浇了一盆"冷水"——这个显微镜摊主开价6万块。这可是夫妇俩两年的工资啊！两人只好悻悻地空手而归。

心爱的"宝贝"就在眼前，却不能到手，童第周整个晚上都辗转难眠，一闭眼好像显微镜就一直在向他招手。第二天一大早，夫妇俩又朝旧货摊奔去，生怕"宝贝"被人抢走了。可摊主这时要价更高了，价格一下抬到了65000元，两人再次失望而归。不过，从这一天开始，他们夫妇俩开始奔走于亲人和朋友间，准备筹钱买回这台显微镜。

最后，他们终于以65000元的高价买回了显微镜，并用它继续探索生命的奥秘。

少于6万不卖！

海边长大的音乐家
——冼星海

中国人

作曲家、钢琴家

出生地：中国澳门

生活年代：1905年—1945年

主要成就：谱写了《黄河大合唱》等大批抗日救亡歌曲

优点提炼：不怕困难，刻苦用功

我出生在澳门海边的一条小渔船上。我的祖辈都是疍(dàn)家人，没有固定的住处，渔船就是我们的家。几百年来，我们就像一叶浮萍，漂泊在大海上，追逐鱼群而生，因此被称为"海上的吉卜赛人"。

在我出生以前，我的爸爸就过世了。他是个海员，辛勤忙碌了一生，最后却连自己的孩子都没有见过一面。由于家里失去了经济支柱，妈妈只好抱着我投靠了外公。

外公家住在澳门的下环街，那里生活着许多渔民、海员和流浪的苦力。我从小在外公家里长大，生活虽然清苦，可是心中充满了欢乐。

晚上，外公经常用竹箫吹一段曲子，或者唱起疍家渔民独有的渔歌："疍家渔民住海边哎，海中渔船把网撒哎。疍家姑娘好风光哎，渔船借水走四方哎……"

我总是好奇地听着，还曾经发问："疍家姑娘美吗？我长大以后也要娶个疍家姑娘。"

外公哈哈大笑，将我抱起来，用他扎人的胡子使劲蹭我的小脸，并逗我说："疍家姑娘美得很呢！等小星海长大了，外公帮你找个又能干又漂亮的疍家姑娘。"

又有一次，我听隔壁的小朋友说，珍珠是从贝壳肚子里长出来的。可我不相信。回来以后，我就问外公："听说珍珠是长在贝壳肚子里的，这是真的吗？"

外公点点头，肯定地说："当然是真的！"

"那您下次出海可以给我带个贝壳吗？我想看看里面有没有珍珠。"

"好，下次一定给你带。"

外公说到做到，以后每次出海都给我带回几个大大的贝壳，但我

从来没有在里面找到过珍珠。这成了我小时候的一大遗憾。

随着渐渐长大,我又对外公的竹箫产生了兴趣。听着他吹出那迷人而又婉转的曲调,我心里总是无比快乐。外公见我喜欢,就手把手地教我吹。没过多久,我就学会了吹箫。

外公高兴地对我妈妈说:"看不出来,咱家星海还有做音乐家的潜质呢!"

妈妈一边洗衣服,一边对我说:"那小星海可要更加努力,长大以后成为大音乐家,好不好?"

我小鸡啄米似的拼命点头,回答道:"等我长大了,一定挣很多很多钱。这样,您就不用再帮别人洗衣服了。"

妈妈听了我的话,眼睛通红,眼泪唰一下就流下来了。我虽然年纪小,却很懂事。见妈妈伤心落泪,赶忙道歉:"妈妈,我是不是说错话了?您不要生气。"

妈妈将我搂在怀里,拼命摇头,说:"小星海没有说错话。我只是突然想起了你爸爸。他如果知道你现在这么懂事,肯定很开心!"

我们孤儿寡母在澳门生活了六年,在南国温暖的海风中,在外公洪亮的歌声里,我长大了。后来,外公突然患病去世了。妈妈走投无路,既没有亲戚帮忙,又没有什么谋生的技能,日子过得很辛苦。后来,妈妈听人说下南洋讨生活比较容易,就带着六岁的我漂洋过海,到新加坡谋生。

初到新加坡,人生地不熟。我们住过街头、桥洞,最困难的时候,一天只有一个馒头吃。在好心人的帮助下,妈妈找到了几份洗衣服的工作,我们终于安定下来。

后来,我进了一所华人学校上小学。那所学校十分重视体育和音乐教育,给我们创造了很好的艺术氛围。

想到妈妈赚钱供我读书那么辛苦,我从不贪玩,学习很用功,成绩总是名列前茅。不过,我最爱的功课却是音乐。学校礼堂里有架钢琴,只要琴声一响,我就会飞奔过去,站在钢琴旁不愿离开。

虽然我从来没有接触过钢琴,但从听到它被奏响的那一刻起,我就决定，以后一定要学会弹钢琴。音乐老师看我这样入迷，又知道我从小喜欢音乐，就主动提出可以教我。

"老师，这是真的吗？"我简直不敢相信自己的耳朵。

"是真的呀！以后，你每天放学以后就过来练琴。"

我兴奋地跳了起来，跑回家将这个好消息告诉了妈妈。妈妈听了只是点了点头，叮嘱我一定要好好努力，不要辜负老师的期望。

从这以后，我每天放学后都到礼堂去练习弹钢琴。我进步很快，不久，就学会了钢琴的基本指法，还学会了几首进行曲。

音乐老师对我的才华十分欣赏。他成立了一支军乐队，有二十来个人，把我也招了进去。在军乐队里，我接触和熟悉了多种乐器，并受到了正规的音乐训练。这为我以后的音乐生涯打下了坚实的基础。

十三岁时，我回到了祖国，进入岭南大学附属中学进行专门的音乐学习。我加入了学校的管乐队，负责小提琴演奏，很快就在学校里有了名气，连邻校的师生也对我有所耳闻。

几年后，我考入了北京大学音乐传习所，修读音乐系，从此，真正走上了音乐艺术之路。

延伸阅读

五分钟创作抗战名曲

1935年,诗人塞克创作了一首《救国军歌》。歌词写好后,塞克找到冼星海,请求他谱曲。当时冼星海正在吃饭。他端着饭碗,将歌词看完,连声说:"写得好!抗日救亡,需要这样的军歌振奋人心。"说着,冼星海放下碗,随手掏出钢笔,在一个破旧的纸烟盒上写写画画,开始谱曲。

塞克点燃一根香烟,坐在旁边专注地看着冼星海,只见他嘴里不停地哼着调子,手上还打着节拍。不一会儿,塞克抽完烟,冼星海的曲谱也写好了。仅仅用时五六分钟,一首脍炙人口的抗战名曲,就这样诞生了。

写得太好了!

让人难"安"的孩子
——李安

导演、编剧、制片人

出生地：台湾屏东县潮州镇

生活年代：1954年至今

主要成就：执导了《卧虎藏龙》《绿巨人浩克》《少年派的奇幻漂流》等著名影片，是迄今为止唯一获得奥斯卡奖的华人导演

优点提炼：大智若愚，信念执着

中国人

看电影是人们喜闻乐见的一种休闲方式。从小至今，我始终觉得在电影的世界里充满着许多乐趣，并一直在这条漫漫长路上求索。那么今天，欢迎亲爱的你，走进属于我的电影奇幻世界。

我出生在台湾地区的一个知识分子家庭，祖籍是江西省九江市德

安县。我的名字是一个"安"字，是因为我天生就是个小调皮，在娘胎里就迫不及待地想出来看看外面的世界，结果给爸妈制造了一点儿麻烦——早产了！我出生后长得非常瘦弱，经常生病，所以爸爸给我取名"李安"，一是寓意不忘祖籍德安县，二是希望我今生都健康平安。但是现在回想起我的成长，似乎却有些让人难"安"。这还得从我小时候的一些事情说起……

有一次，我和爸妈一起去别人家做客。大人们聚在一块儿谈天说地，喝茶赏乐，客厅里不时发出阵阵笑声，其乐融融。小孩子们则沉浸在捉迷藏等自我娱乐的小世界里。我是一个慢性子，很难和其他小朋友玩到一块儿。但是，我并不感到孤单。因为我总是细心地观察周围，所以总能发现别人看不到的东西。

温暖的阳光下，我坐在庭院里发呆，一只狗趴在地上舒服地打盹儿。我不时地制造点儿声音，以示我的存在。那只狗被我吵醒后，只和我进行了一下眼神交流，然后又趴下继续睡。

它一动也不动地睡在一根木条上，这却引起了我的好奇心。为什么它要睡在木条上呢？难道那根木条有什么神奇之处吗？如果我把木条拿走，会发生什么呢？我的脑子里冒出了一串问号。

好奇心开始膨胀，我决定打破我们之间的沉寂，上前去一探究竟。我越来越靠近它了，狗警觉地竖起了耳朵。我从来没见过狗这个样子，于是饶有兴趣地凑得更近，一心想拿到那根它忠诚守护的木条。

那时，笨拙的我根本没有察觉到狗的警觉和戒心。当我的手伸向它压着的那根木条时，狗一个纵身扑上来，在我的脸颊上咬了几下。我这才意识到问题的严重性，哇哇大叫起来。客厅里的大人们闻声跑出来，看到我满脸鲜血直流，顿时一阵惊慌。

主人又难堪又生气，一怒之下捡起地上的木条对狗一顿暴打，狠狠地惩罚了那条犯了错误的狗。

过了一段时间，我听说那条狗因为伤势过重死了。我懊恼极了，心想，如果不是因为我要去抢它的"宝贝"，它也就不会咬我，如果它没有咬我，就不会被毒打，也就不会最后连命都丢了！

我越想越难受。为了表达忏悔之意，我特意跑去狗的埋葬之处悼念它。狗的主人知道这件事后，问我："为什么狗对你那么不敬，你还要来悼念它？"

"我觉得我欠它一根木条，也欠它一个道歉。"

"这……怎么说？"

"其实，也是我的不对啦！是我要去抢它用身体保护的那根木条，才被咬的。"

狗的主人非常惊讶地说："这么说，我家的狗没有狂犬病呀？"

原来他一直认为自己的宠物狗是感染了狂犬病才咬人的，现在知道真相后真有些扼腕叹息。于是我心里更不是滋味了，心想，要是我脑袋够灵光的话，自然会想到狗是会咬人的，然后加以防备的话，狗主人就不会失去他心爱的伙伴了。

经历了这件事之后，我才知道原来好奇心太重，有时也会犯错。我也想用自己的这段经历告诉大家：当我们去探索事情的时候，一定要先好好想想，自己这样做会造成什么样的后果，会不会伤害到别人和自己，要不然也像我一样，留下这样的遗憾就不好了。

这件事情让我闷闷不乐了很久。虽然我不太爱说话，但是脑子里想的问题很多，爸爸就鼓励我把自己的想法表达出来。这种表达不一定是说，也可以是别的任何方式。

记得有一次，老师带我们去看一部外国电影。关于电影的内容，我即使看过几遍，还是懵懵懂懂的。但一个奇怪的念头却一直撞击着我的心门：到底什么是表演呢？什么样的表演才算好的表演呢？带着这样的疑问，我去请教老师。老师耐心地给我讲解，可我的疑问却越来越多。

最后老师说："表演就要装，装得越像真的就越好。但生活却不一样，越装别人就越讨厌你！"

我更加疑惑了："老师，难道我过的不是生活？"

"你为什么这样问呢？"他不解地问。

"我从来不装，但喜欢我的人少得可怜！"

听了这番话，老师惊诧地说："你的思维这么奇特，表达方式也异于常人，这是多么大的一个优点啊！你要多了解自己，选取最适合自己的道路。"

后来，关于对职业的选择，爸爸希望我能像他一样走上仕途，或者做一项被认可或被敬仰的工作。我升到高中后，他望子成龙的心情更加迫切，要我选择一个好的职业。我看了看，发现没一个喜欢的。

爸爸问我："那你能告诉我，你喜欢做什么吗？"

"我想当电影导演。"我脱口而出。

爸爸一度想打消我的这个想法，但是我最终还是坚持了自己的选择。站在人生转折点，我为自己的命运做了一次主，报考了中国台湾艺专（今台湾艺术大学）戏剧电影系，并把它作为今生努力奋斗的方向。慢慢地，我从当年那个慢吞吞的小孩儿变成了一个将幻想转变成现实的奋斗者。

延伸阅读

买菜做饭当"妇男"

买菜做饭是李安的"长项"。在拍摄第一部电影前,李安窝在家中当了六年的"家庭妇男"。

"当时孩子还小,太太博士学位还差半年才拿到。于是我决定在家待一阵子陪陪他们,也试试运气。"李安一边在纽约郊区的家中写剧本,并兼任"煮饭婆",一边不停地到

好莱坞碰运气。但很长时间，他都处于无人问津的境况。

有一次，岳父岳母到他家做客，半开玩笑地提议道："李安，你这么会做菜，我们来投资给你开饭馆好不好？"李安笑着谢绝了。

李安曾说："太太对我最大的支持，就是她的独立生活。她不要求我一定出去工作。当然她赚的钱不够用，因为研究员的薪水很微薄。有时双方家里也会接济一下。太太给我时间和空间，让我去发挥、去创作。要不是碰到我太太，我可能就没有机会延续电影生涯了。"

对舞台着迷的剧作家
——莎士比亚

出生地：英格兰沃里克郡斯特拉福镇

生活年代：1564年—1616年

主要成就：代表作有《哈姆雷特》《奥赛罗》《李尔王》《麦克白》

优点提炼：追求梦想，乐观勤奋

剧作家、诗人、演员

英国人

我叫莎士比亚。我的父亲是位羊毛商人，生意兴旺，因此给了我优越的生活条件。父亲也对我寄予厚望，希望我能成为一位牧师、商人或者是有学问的绅士。所以，我从六岁开始就进入了一所文法学校学习。

在那里，我不仅学习了拉丁语和希腊语，也接触到古代罗马的诗歌和戏剧，并深深地爱上了它们。

那时候，每年都会有好几个剧团来我们小镇上演出，这可深深地吸引了我的注意。看着那么一个小小的舞台，却能像施魔法般变化出那么多的故事来：一会儿是叱咤风云的古代战争场面，一会儿是火花四射的家庭生活剧；一会儿让人潸然泪下，一会儿又让人捧腹大笑。

多么奇妙的舞台啊！它就像块魔力石，深深地吸引着我。我经常因为入戏太深，等到演出结束很久后，才能从剧中走出来。也就是从那个时候，爱好戏剧的种子在我心里扎下了根。可惜这些戏剧演出不是每天都有，而是要在特别的日子才会上演一回。为了缓解我对戏剧的"思念之苦"，我经常邀请好几位小伙伴一起，模仿我们看到的那些戏剧，上演"山寨版"。

虽然我们对那些看过的戏剧还半懂不懂，甚至每个人记得的版本还不太一致，但是大家自导自演的那份热情和执着却让我热血沸腾。有时候，为了思考要怎么表现剧中的情节，我会静下心来，独自在田间小道上细细揣摩角色的语言、表情和动作。

在我的精心安排下，大家有模有样地表演戏剧，我心里别提有多高兴了，俨然觉得自己已经是个小小的导演了。这些事情说起来虽然微不足道，但对我的影响却非常深远。我就是从这时候开始给自己的人生定下了一个伟大的目标——从事戏剧事业。

可是，戏剧里面的学问太多了，要想写好一部戏剧就得上知天文，下知地理，还要了解风土人情以及社会百态，简直是包罗万象啊！

为了实现我的人生目标，我得努力学习更多的知识。于是，在学校学习的时候，我就像干瘪的海绵一样，尽情汲取着知识海洋中的水分，不断充实自己，让自己饱满、丰盈起来。我贪婪地阅读着哲学、文学和历史书，几年之后，我不仅学到了丰富的知识，还掌握了希腊文和拉丁文，对写作的技巧也有所领悟。

可这样惬意的学习时光并没有持续多久。在我十三岁那年，父亲破产了。于是，我突然从一位衣食无忧的小公子变成了一个要自食其力的穷小子。

面对这个突如其来的生活变化，我并没有感到灰心。当时，我对生活还没有太多的理解，对未来也没有太多的规划，心中只有一个念头，就是要帮助父亲走出经济困境。因此，我中断了学业，走上了独立谋生的道路。我去肉店当过学徒，去乡村学校教过书，小小年纪就开始承担生活的重担。

幸好学校的六年时光让我那充满幻想的头脑得到了充实。爱幻想的特点在我走出校门后也没有发生什么改变。在乡村教书时，我对身边的一切都感到很新鲜，也很愉悦。我尽情欣赏大自然的美景，对它深深着迷；我仔细聆听老人们的故事，然后浮想联翩；我细细品味着生活，感慨着其中的酸甜苦辣，然后把它们当作我创作的来源。

后来，我想要在戏院里谋个职位。虽然我知道这样的机会并不多，但我想只要有心，又肯付出努力，总能找到解决的办法。我想来想去，最后决定去戏院当马夫，每天为看戏的绅士服务，这样至少能混个脸熟。果然没用多久，我就和看门人混熟了。他为我开了个"后门"，准许我从门缝里和小洞里窥探戏剧演出。我十分珍惜这来之不易的机会。虽然条件艰苦，我也会在观看的同时琢磨剧情和角色。当戏院散场，我下班回家后，还会继续勤奋读书、刻苦练戏。

在这种高强度的学习中，我很快就掌握了许多戏剧知识，也渐渐

结识了一些戏剧演员。后来,我得到一位演员的邀请,去剧团演一个配角,这可把我乐坏了。我终于守得云开见月明,站上了我心仪已久的舞台。

延伸阅读

《罗密欧与朱丽叶》

《罗密欧与朱丽叶》是莎士比亚早期的著名悲剧作品,讲述了两个热恋的男女——罗密欧与朱丽叶被家庭拆散后,双双殉情的故事。

故事发生在意大利的维洛那城,那里有两个有着不共戴天世仇的大家族——凯普莱特家族和蒙太古家族。一次宴会上,凯普莱特家的女儿朱丽叶与蒙太古家的儿子罗密欧一见钟情,并在好心的神父劳伦斯的主持下举行了婚礼。

就当两人都还沉浸在新婚的甜蜜之中时,罗密欧在街上与凯普莱特家的提伯尔特相遇。提伯尔特故意挑衅罗密欧,两人进行了格斗。结果,罗密欧杀死了提伯尔特,被逐出维洛那城。

送别罗密欧后,朱丽叶日夜想念着他。然而,她的父亲却

逼她嫁给另外一位伯爵。朱丽叶不敢违抗家族，又不愿意背叛心上人。在劳伦斯神父的帮助下，朱丽叶吞服了安眠药，以假死来拖延时间，搪塞伯爵的求婚。

不明真相的罗密欧以为朱丽叶真的死了，悄悄潜回维洛那城。他看着停止了呼吸的朱丽叶，悲恸欲绝，喝下毒药殉情。朱丽叶等药性过后苏醒过来，却发现罗密欧已经濒临死亡，便毅然用短剑结束了自己的生命。

看到这两个年轻生命的陨落，两个互相敌视的家族终于幡然悔悟，言归于好。

抄乐谱的孤儿——巴赫

德国人

作曲家、指挥家、管风琴演奏家

出生地：图林根州的埃森纳赫

生活年代：1685年—1750年

主要成就：西方现代音乐之父，代表作有《勃兰登堡协奏曲》《马太受难曲》《b小调弥撒曲》等

优点提炼：为实现梦想百折不挠

我叫巴赫，出生于德国中部的一个音乐世家。早在我出生之前很多年，我家就在音乐界名声显赫了。爷爷的兄弟中有两位是极具天赋的作曲家。爸爸是一位优秀的小提琴手。爸爸的兄弟姐妹中也有好几位是颇有成就的音乐家。

出生在这样一个显赫的音乐世家，我身上天生就有不少音乐细胞。这是我的幸运，但这样的幸运并没有一直延续下去。在我九岁那年，妈妈去世了。一年之后，爸爸也去世了。从此，我从家中的宠儿沦落为无父无母的孤儿，只能去投靠哥哥克里斯多夫。

哥哥曾经学过管风琴，有一本音乐大师的手抄本乐谱。我很高兴跟着哥哥一起生活，这样就能够继续我的音乐学习之路了。可事与愿违，哥哥并不想跟我分享他的乐谱，相反，他把乐谱悄悄锁在书房的一个柜子里。

哥哥越是把他的乐谱当宝贝，我的好奇心就越重，总想去一探究竟。终于有一天，我忍不住了，趁着外面明亮的月色，偷偷溜进哥哥的书房，把乐谱拿了出来。我翻阅以后，一下就被其中的内容迷住，舍不得还回去了。

我心想着，如果我把这本乐谱抄下来，以后就不用偷偷地看哥哥的乐谱了。于是，我找来纸和笔，借着月光，认真地抄写起来。不管刮风下雨，严寒酷暑，我坚持了整整半年，终于抄完了这厚厚的一大本乐谱，觉得可以松口气了。

就在这时，哥哥发现了我抄他乐谱的事。他完全不能理解我对音乐的执着，甚至觉得我是"鬼迷心窍"，竟然把我抄好的乐谱也没收了。这让我难过了好长一段时间。

虽然我追求音乐的旅程遇到了一些波折，但这并没有改变我对音乐的执着。当时，想要向大师们学习，除了抄录珍贵的乐谱以外，还有一个办法就是亲自上门拜访，聆听他们的教诲。要知道，当时交通并不发达。我的家庭条件也不富裕，登门拜访对我来说，无疑是一条艰辛的求学之路。

当时，我家离汉堡有三十千米远，但是只要那里有音乐会，即使我身无分文，也要徒步去音乐殿堂接受大师们的洗礼。

记得有一次，我在汉堡听完一场音乐会，发现自己身无分文，连回去的路费都没有了。当时的我十分矛盾：如果回去的话，明天汉堡还有一场音乐会，错过就太可惜了；但不回去的话，今天晚上不仅得挨饿，还没有住的地方。

经过一番苦苦的思想斗争，我最后还是输给了饥肠辘辘的肚子，无奈地踏上了回家之路。因为没吃东西，我连走路都没有力气，三十千米的归途也变得格外漫长。走到一半路程时，天就黑下来了。我又饿又困，看到路边有一家小旅店，就蜷缩在它的墙脚下休息，想等到稍微恢复些体力和精神时，再继续上路。

我的眼皮渐渐沉重起来，不一会儿就蜷在墙脚下睡着了。也不知道我睡了多久，迷迷糊糊中我好像做了一场美梦。梦中，我闻到了一阵食物的香味，馋得我口水直流。我四处寻找着食物的源头，找着找着，就从梦中醒了过来。

就在我正为美梦不能继续下去而遗憾时，突然头顶上的窗户打开了，从里面落下一包东西。一股食物的香味从包裹里传来。我吸了吸鼻子，满怀希望地打开包裹，一个香喷喷的鲱鱼头出现在眼前！我真是又惊又喜。可更大的惊喜还在后面呢，原来包裹里还藏着一些钱！

是谁给了我食物，还送给我去汉堡听音乐会的钱？我思前想后，觉得这一定是一位好心人看到了我的困苦境遇帮助了我。不过，也许这也正是老天给我的恩惠，想要支持我的音乐之路。我一定不能辜负这份期待和恩赐。于是，我吃饱后，赶紧返回汉堡，继续听第二天的音乐会。

也就是从这一晚开始，我真正走进了音乐的世界。回到学校后，我一头钻进图书馆，尽情地吸收音乐的精华。空闲的时候，我彻夜不眠地练琴……也正是凭着这股韧劲，后来，我被教堂的唱诗班录取，同时进入神学院学习。在这里，我最终在音乐的道路上越走越远，成为别人眼中的"音乐之父"。

延伸阅读

巴赫的《G弦之歌》

《G弦之歌》是巴赫的代表作品之一。但是，这首曲子是在诞生百余年后才大为流行，成为不朽的经典的。

> 只有一根弦也能拉！

其实，这首曲子的来历有一个流传广泛的说法。据说巴赫成名之后，经常受贵族的邀约，去宫廷舞会上演奏，这引起了一些同行的忌妒。于是在一次宫廷舞会上，巴赫的大提琴被人做了手脚，除了G弦外，其他所有的弦都断裂了。但巴赫却没有让那些想要看笑话的人得逞，反而是在仅有一根G弦的情况下，即兴演奏了一首《咏叹调》。而这首曲子就是我们今天所听到的《G弦之歌》。

妈妈的遗物
——卢梭

出生地：瑞士日内瓦

生活年代：1712年—1778年

主要成就：18世纪法国大革命的思想先驱，启蒙运动卓越的代表人物之一；主要著作有《社会契约论》《爱弥儿》《忏悔录》等

优点提炼：喜欢读书，宽容睿智

思想家、哲学家、教育家、文学家

法国人

我的爸爸是一个技术精湛的钟表匠，妈妈是一个牧师的女儿，两人十分恩爱。但是，由于我的出生，妈妈难产去世了。自从我知道这个事之后，心里就十分悲伤。爸爸也因此更加疼爱我。他说，他在我

身上可以看到妈妈的音容笑貌。

妈妈留下的遗物当中，最多的是书。爸爸特别喜欢读妈妈留下的那些书，并且带着我一起读。我们经常在晚饭后一起读书，轮流朗读，渐渐地两个人都着了迷。拿起一本书，我们不一口气读完决不罢休，所以往往通宵达旦阅读。不知道有多少次，爸爸听到早晨的燕子叫了，才很难为情地说："卢梭，今天就读到这里，咱们去睡一会儿吧。我简直比你还孩子气呢！"就这样，我养成了读书的习惯，不到八岁，就把妈妈留下的那些小说全部读完了。

没有书可以读了，我和爸爸的生活一下子失去了方向，不知道干什么才好。

我央求爸爸去找些书来看。爸爸说："我记得你妈妈说过，你的外公曾经送给她一大箱子书，但她从来没有打开过那个箱子。"我一听，眼睛一亮：外公是个很有学问的牧师，他的藏书一定很多。我和爸爸从地下室找出那个大箱子，打开一看，简直惊呆了：勒苏厄尔的《教会与帝国历史》、博叙埃的《世界通史讲话》、普卢塔克的《名人传》、那尼的《威尼斯历史》、奥维德的《变形记》、封特奈尔的《宇宙万象解说》和《已故者对话录》……书真多呀！我把这些书搬到爸爸的工作室，每天爸爸工作的时候，我就读这些书给他听。书里的那些人物和事迹深深影响了我。

在这些书当中，我最感兴趣的是人物传记。每当我读到那些忠于真理和祖国的英雄形象时就热血沸腾，甚至言行之间常把自己比作那些历史中的人物。有一天在吃晚饭的时候，我跟爸爸讲到罗马英雄西伏拉被敌人逮捕后，敌人把他的手放在火盆上烤，他都一声不吭，以显示罗马人抵抗侵略的决心。说着说着，我也像西伏拉一样，把手伸向燃烧着熊熊烈火的火盆上，来演示他那英雄壮举，这把爸爸吓了一跳，他马上制止了我。

我除了跟爸爸一起读书，大部分时间都跟姑姑在一起。姑姑爱说爱笑，也很喜欢唱歌。她的歌声娇柔婉转，十分动听，那清脆的嗓音能使人很快忘掉悲伤和惆怅。此外，我接触的其他一些人，如乳母、亲戚、朋友、邻居等，也都很喜欢我。

然而，在我十岁那年，一次意外的变故打乱了我的家庭生活。爸爸跟一个蛮横无理的法国陆军上尉发生纠纷，把那家伙的鼻子打出了血。那家伙诬告爸爸在城里向他持剑行凶，要把爸爸送入监狱。爸爸为了自己的荣誉和自由，只好选择远走他乡。

爸爸这一走，我只好住到舅舅家。舅舅希望我继续读书，就把我送到一个牧师家里，学习拉丁文和其他一些科目。这个牧师是一个很通情达理的人，对教学从不马虎，虽然要求严格，但却不布置过多的作业。宽松的学习环境，再加上乡村新鲜的空气和四野诱人的花草，我觉得这样的生活有意思极了。但是，不久以后发生的一件事彻底终结了我自由自在、无忧无虑的童年生活。

有一天，我在厨房隔壁的一间屋子里独自读书，女仆把几把梳子放在沙石板上烤干。等她再来取的时候，发现一把梳子有一边的齿儿都断了。因为当时只有我一个人在那里，她就质问我有没有动过那把梳子。我没有动过，当然不会承认。可是女仆不相信，并向牧师告了状。牧师问我，我还是不承认，他就写信叫来了舅舅。他和舅舅都认为我撒谎，又反复逼问了我好多次，我都始终不肯承认。我本来就腼腆、温顺，甚至有点儿怯懦，但这次我却变得怒不可遏，因为我觉得自己受到了冤屈和不公正的待遇。这件事之后，我开始讨厌牧师家的生活，而牧师一家也不再信任我了。最后，舅舅只好把我接了回去。

十三岁的时候，舅舅又把我送到一位律师那里学法律。但我非常讨厌这种职业，不久就辞掉了。然后，我又被送到一个雕刻匠那里当学徒。我很喜欢这种艺术性的工作，但师傅十分专横。就在我对这一切都感到厌倦的时候，又想到从书本中寻找新的天地。于是，我又恢复了放弃已久的读书习惯。我把师傅给我的零花钱都用来租书看，没钱的时候就把自己的衬衫、领带押给那位书店老板。读书的时候，我有时一连几小时都沉醉在书里，读得心醉神迷，别的什么事都干不下去了。师傅对此非常生气，不知道多少次撕毁、焚烧我的书，甚至把书扔到窗户外边去。但我始终不知"悔改"。

就这样，不到一年的工夫，我把一家书店里的书全读完了。然后，我就把目光转向了别的书店。

延伸阅读

宽 容

年轻的卢梭订婚那天，女朋友艾丽尔却牵起另一个年轻人的手对他说："对不起，我觉得，我们在一起不会幸福。"

卢梭顿时呆若木鸡，在亲戚朋友诧异的目光中，他恨不得找个地缝钻进去。

过了几天，卢梭离开了给他带来耻辱的家乡。他发誓将来一定要风风光光地回来，好找回自己丢失的尊严。

三十年后，他已经成为伟大的文学家和思想家了。他回到家乡的第二天，有位老朋友急不可耐地对他说："你还记得艾丽尔吗？她当初背叛了你，上帝已经惩罚了她。这些年来，她贫困潦倒，全靠亲戚们的救济勉强生活。"

朋友原本以为卢梭听到这个消息会很高兴，想不到卢梭却说："我很难过，上帝不应该惩罚她。我这里有一些钱，请你转交给她。不过，不要告诉她是我给的。"

"你对她真的没有丝毫怨恨吗？"朋友用质疑的语气问。

"如果有怨恨，那也是三十年以前的事了。如果这些年我一直对她怀有怨恨，那我自己岂不是在怨恨中生活了三十年，对我有什么好处呢？就像我提着死老鼠去见你，一路上闻着臭味的难道不是我自己吗？"

太臭了！

在黑暗中寻找文学之路
——巴尔扎克

法国人

文学家、小说家、剧作家

出生地：图尔城

生活年代：1799年—1850年

主要成就：欧洲批判现实主义文学的奠基人；代表作有《人间喜剧》《朱安党人》《驴皮记》等

优点提炼：坚强，坚持，勤奋

我叫巴尔扎克，是家里的第二个孩子。我哥哥刚满月就夭折了，这件事情给爸妈带来不小的打击。所以后来我出生之后，爸妈并没有因此对我过多照顾，反而把我送给别人当养子。爸妈说，这样做是为了我好，让我不至于像哥哥一样夭折。但我却觉得有些委屈，毕竟我小小年纪就没能得到父母的关爱呀！

等我长到四岁的时候，爸妈认为这下可以放心了，就把我接了回去。我终于回到了妈妈的怀抱。可是才到八岁，我又要被送到寄宿学校读书去了，真是舍不得离开他们呀！

我读书的那所学校环境闭塞、古板教条，就像一座森严的监狱，让人无法呼吸。我从心里对它产生了严重的抵触情绪，自然也不能专心学习，学习成绩更不会好到哪里去。

学校对待学生的态度也很粗暴，经常把学习成绩差的同学关在黑屋子里反省。这样一来，我就成了"小黑屋"的常客，每学期都要进去"禁闭"三四次。久而久之，我也习惯了这种惩罚。但是在那黑暗的世界里，我的思维和想象是不受限的，可以任它海阔天空地驰骋。

我带着憋屈和苦闷在黑暗中摸索，幸好最终找到了"书籍"这一根救命的稻草。我一头扎了进去，在知识的海洋里畅游。它们帮助我摆脱了枯燥的学习生活，给我展现了一个无比开阔和美丽的天地。我贪婪地吸收着知识的养分，哲学、神学、历史、文学、科学……经过大量的阅读，文学的大门渐渐向我打开，文学之梦在我的心中悄悄地酝酿起来。

转眼之间我就中学毕业了，即将面临专业学习的选择。我已深深地迷上了文学，心里想着一定要成为一名作家。爸爸却不同意我这样做，他希望我将来去当律师或者从政，这样可以出人头地，光宗耀祖。

我小声地恳求他："我对法律完全没有兴趣。爸爸，您是知道的，我喜欢的是文学。"

"文学？"爸爸暴跳如雷，"文学能有什么前途？作家都只有穷酸的命。如果你走文学路，最后只会穷到连自己都养不活。到时候，后悔就晚了。而且你根本就不是搞文学的料！"

听着爸爸斩钉截铁的话，我的心凉了半截。我不奢望他支持我的决定，但他对我根本不加了解，就轻描淡写地把我的文学梦践踏得一文不值。

爸爸的话激发了我的斗志。我气呼呼地说："你怎么就知道我不行？我会证明给你看的。我相信只要肯努力，一定行！"

爸爸被我气坏了，连胡子都在颤抖："那好，我给你两年时间。如果你没有成功，就得去学法律！"

我不知道从哪里冒出的勇气，竟然抬高声调对他说："好！"我和爸爸的"两年之约"就这样开始了。为了给我制造困难，爸爸在这期间拒绝向我支付生活费。也就是说，从今以后，我得自己养活自己了。

从此以后，我就把自己关在房子里，埋头阅读和创作文学作品。我平均每天工作十六到十八小时，每三天用掉一瓶墨水和更换十个笔尖。我还在书房里放置了一座拿破仑的塑像，并在塑像的剑鞘上刻了以下字句："他用剑未完成的事业，我要用笔来完成！"

为了"屏蔽"外界的一切干扰，我不让家里人进我的书房，对外来的拜访者也一概拒绝。我甚至自己把门从外面上了锁，造成我不在家的"假象"。

但是，文学之路并没有我想象的那么简单。我经常感觉自己的阅历有限，难以写出满意的作品。有段时间，我准备写部历史剧，但是对这段历史不很了解，所以迟迟不敢动手。不过，我并没有因此丧失信心，而是用自己的勤奋来弥补。我拼命阅读世界文学名著，每天去图书馆查资料，总是去得最早，走得最晚。

有一次，我在图书馆里翻阅资料，边看边记，完全忘记了时间。

图书馆的工作人员下班时，也忘记了有我这样一位小读者的存在，就把我锁在图书馆里了。大家一定以为在冰冷黑暗的图书馆里过夜很煎熬吧？其实，我当时看了一整夜的书，一点儿都不觉得可怕。等到第二天早晨，图书馆的人员来上班时，看到仍在专心读书的我，他们惊讶极了。

还有一次，我需要描写一个打架的情节，但是抓耳挠腮了大半天，什么都写不出来。我想亲眼看看别人打架时是什么样子，就放下笔，跑到大街上转悠。可是我逛了半天，大街上很平静，什么都没有发生。这时，我看到两个年轻人正在追逐嬉闹。我突发奇想，要是能让他们打上一架就好了。于是我上去不停地煽风点火，希望他们快点儿打起来。谁知他们仿佛看穿了我的"诡计"，不仅没有打架给我看，反倒合起伙来把我轰走了。

经过几年的努力，我终于写出了成名作《朱安党人》，赢得了法国文学界的一致赞扬。从那以后，爸爸也只好认可了我的选择。

延伸阅读

空白的镜框

在巴尔扎克的书房里,很显眼的位置上悬挂着一个没有画的镜框。每次有人进去,第一眼看到这个空白的镜框,都会觉得有些奇怪,但也一直没有人问出口。

终于有一天,一位朋友来访,忍不住指着墙上的空白镜框问:"你为什么在墙上挂一个空白的镜框呢?"

巴尔扎克先是神秘地笑了笑,然后说道:"空白的镜框有着无限的想象空间。只要我用一点儿想象力,世界上任何一幅名画就会出现在镜框里啦!"

朋友听了恍然大悟,原来巴尔扎克的思维方式真的是与众不同啊!

我的想法怎么样?

发明飞机的"自行车匠"
——威尔伯·莱特

发明家

美国人

出生地：印第安纳州密切维

生活年代：1867年—1912年

主要成就：发明飞机

优点提炼：爱动手，爱钻研，爱追梦

相信大家对于发明飞机的"莱特兄弟"并不陌生，但对于威尔伯·莱特也许就没那么熟悉了。其实，我就是莱特兄弟中的哥哥——威尔伯·莱特。我的弟弟名叫奥威尔·莱特，比我小四岁。

下面我就为大家讲讲我们小时候的故事吧!

我俩出生于一个普通家庭,爸爸是牧羊人,妈妈是音乐教师。我们兄弟俩从小就喜欢摆弄一些小玩意儿,这应该跟爷爷有着密不可分的关系。爷爷的屋子里有各种各样的工具,我们俩就把那儿当作自己的乐园,经常跑去看爷爷干活儿。看久了,我们便萌生想要自己动手制作东西的念头。这时候,爸爸也十分支持我们,鼓励我们用自己的零花钱来买材料。就是在这样开明的家庭氛围中,我们对机械产生了浓厚的兴趣。

五岁那年的生日,家里人为我准备了一些生日礼物,可我从礼物堆里一眼就相中了一只回旋陀螺。

再后来,弟弟也渐渐长大了,能陪我一起玩耍了。我们经常把家里的旧钟表、磅秤等东西拆开,再装上去。有时候,我看到一些破旧的机械物件,也会兴趣盎然地研究一番,或者叫来弟弟帮忙一起搬回去。因此,我家后院的仓库就成了我和弟弟的实验室。

十岁那年的冬天,我们家乡下了一场大雪,城郊的山坡上白茫茫的一片。我和弟弟在雪地上玩耍,远远地看到山坡上有一大群小伙伴玩得很高兴。我和弟弟也决定去看看。原来,他们做了个爬犁,顺着山坡往下滑,好欢乐啊!我羡慕极了,不自觉地说:"要是我们也有一架爬犁该多好啊!"

弟弟噘着嘴,有些委屈地说:"但是,爸爸现在在外地工作,不能帮我们做呀！"不过，弟弟又狡黠地转了转眼睛，拍拍我说，"哥哥，我们可以自己做啊！"

听到弟弟的提议，我顿时也来了兴趣，高兴地说："是啊！走，我们现在就去做！"

我跟弟弟飞快地跑回家，把这个想法告诉了妈妈。妈妈听了后，十分支持我们的想法，并决定帮我们一起做。

于是，我和弟弟跑到爷爷的房间，找到足够的木条和工具，就急不可耐地做起来。这时，妈妈见我心急火燎的样子，笑着说："宝贝儿，做事得有计划，不能这样盲目地开始。我们得先画图样。"

在妈妈的指导下，我们一起设计好图纸。妈妈根据我和弟弟的身高量了尺寸，画了一个看上去很小很矮的爬犁。弟弟有些沉不住气了，着急地问："妈妈，别人的爬犁都很高，我们的这么小，能行吗？"

妈妈笑眯眯地说："矮一些的爬犁可以减少风的阻力，速度会比大的快一些呢！"

看着妈妈坚定的眼神，我和弟弟若有所悟地点了点头。原来，不应该随意凭借外表就判定一个东西的好坏，而应该先弄清楚其中的道理。

经过一天的努力，我们终于做成了一架爬犁。但是跟小伙伴们的爬犁相比，看起来不太一样。等我们把爬犁扛到山坡上时，一个小伙伴看着我们那架造型有些"怪异"的爬犁，大惊小怪地叫道："快看，莱特兄弟扛来个怪物！"

这一叫不要紧，把周围的小伙伴都吸引了过来。不过，我们也没太在意。我相信我们的爬犁肯定是跑得最快的，于是就有些挑衅地说："谁想要和我们比赛？"

那个说我们的爬犁是"怪物"的小伙伴站了出来，说："我先来！"

说完，他把自己的爬犁拖过来。我们一起站在山坡上，同时往下滑去。

结果当然毫无悬念，是我们赢了。小伙伴们也对我们的爬犁刮目相看，再也没人叫它"怪物"了，反而是围着它左看看、右瞧瞧，好像要看透它跑那么快的奥秘。

我和弟弟高兴极了，扛着爬犁欢喜地回家去了。

不久后，圣诞节到了，爸爸回家了，给我和弟弟都带了圣诞礼物。我们迫不及待地打开礼物盒，发现是一个从来没见过的玩具。爸爸告诉我们，这是竹蜻蜓，能飞到空中去呢。我手里拿着这个由橡皮筋和竹棍做成的小玩意儿，翻来覆去地看，心里想：它又没有翅膀，怎么可能飞得起来呢？

看着我一脸疑惑的表情，爸爸把橡皮筋扭了几圈，然后一松手，竹蜻蜓就奇迹般地朝空中飞去了。

"太神奇了，真是让我大开眼界！"我惊讶得张大了嘴巴。

以前，我和弟弟都认为只有长着翅膀的小鸟、蝴蝶才可以飞呢。

原来，人工制造的东西也能飞上天啊！

后来，我们一家搬到了里奇蒙城。那里的小朋友都喜欢放风筝，我也渐渐被风筝迷住了。我和弟弟一起，经常自己做风筝和小朋友比赛。没过多久，我和弟弟的风筝就总比别人的飞得高，因此我们就一跃成为做风筝的"小专家"了。后来我想，如果把风筝扎得再大一些，是不是就能带着人飞上天了呢？有了这个想法之后，我和弟弟经常跑到附近的小山坡上，观察小鸟在空中的飞行姿势，然后不断改进我们的风筝，让它能承载越来越重的东西。后来，我和弟弟凭着对飞行的执着追求，终于发明出飞机，圆了多年以来的飞行梦。

延伸阅读

莱特兄弟的飞行壮举

在发明飞机之前,莱特兄弟是一家自行车工厂的厂主。他们没有受过高等教育,只读完了中学。但是他们凭着对飞行的热爱和执着,在总结前人失败经验的基础上,制造了"飞行者Ⅰ号"。

"飞行者Ⅰ号"的首次飞行也并不是一帆风顺。1903年12月14日,莱特兄弟第一次试飞,但"飞行者Ⅰ号"刚刚从地上拉起来就重重地摔在了地上。为了修复这次失败带来的重创,兄弟俩花了整整三天时间。12月17日,"飞行者Ⅰ号"终于试飞成功,实现了人类首次重于空气的航空器持续而且受控的动力飞行。兄弟俩也被广泛誉为现代飞机的发明者。

"蠢笨"的天才
——爱因斯坦

美国人、瑞士人

科学家、物理学家

出生地：乌尔姆市

生活年代：1879年—1955年

主要成就：现代物理学的开创者、奠基人，相对论的创立者，诺贝尔物理学奖获得者

优点提炼：勤奋，好问

我叫爱因斯坦，是一个科学家。我曾经做过智商测试，结果显示我的智商是165。有人特地研究过我的大脑，发现其中负责数学运算的部分比常人足足大了15%。这一发现，也许会让大家觉得我是个"天才"，以为我的成就都是因为我有一颗天生的好脑袋。其实完全不是这么回事。

小时候，我是一个非常"蠢笨"的孩子。一般的小孩儿两岁左右就可以流利地说话了，可我到了三岁才开始咿呀学语。到后来，比我小两岁半的妹妹都能与邻居交谈时，我却还是吭哧吭哧的，连一句完整的话都不会说。爸爸妈妈看在眼里，急在心里，心想如果我做什么事情都要比别人慢很多，那以后还怎么正常生活呢？他们开始为我的未来担忧了。

因为迟钝，我直到十岁才开始上学。可是，学校生活并没有让我的"蠢笨"有所改变。我的记忆力极差，老师刚刚教过的单词和课文，我一转身就会忘掉。每次老师提问题，我都是支支吾吾答不上来。老师很无奈地说："哦，爱因斯坦，你的记性这么差，我真担心你明天连老师和同学都不认识了。"老师的话引来大家一阵哄笑。在同学们看来，我简直蠢笨得没救了。

除了智力跟不上大家的节奏，我的动手操作能力也很糟糕。记得有一次上工艺课，老师让大家用胶泥做小板凳。小板凳是个很简单的东西，这对大家来说，也许是件很容易的事，他们很快就开始行动了。但是这对我来说，简直是一个难以完成的任务。

我捣鼓了半天，勉强做出一只小板凳，只不过它看起来歪歪扭扭的，难看死了。再看看旁边同学们做的，都是有模有样的。我心想：决不能拿这样的作品交上去。

虽然我有些笨拙，但我不会这么容易就认输，因为我相信"勤能补拙"。于是，我重新做了一只小板凳，这次的比前一次的稍微好了一点儿，但还是让我不太满意。连自己都不满意的作品，怎么能交给老师呢？就这样，我开始了第三次制作。

终于，第三次的作品有些像小板凳的样子了。我就把这个成品交给了老师。

到了给大家展示成果的时候，老师一个个点评了大家的作品，都表示满意。直到他看到我的小板凳时，显然有些失望。他拿起这只小板凳，对大家说："我想，世界上应该不会有比这只做得更糟糕的小板凳了。"他一说完，同学们立刻哄堂大笑起来。

我的脸羞得通红，有些委屈。我于是站起来说："老师，您说得

不对，其实还有比这更糟的小板凳呢。"说着，我从课桌里拿出之前做的那两只小板凳，对老师说，"这两只小板凳就比您手上拿的更糟。您手上那只是我第三次做的，虽然还是不够成功，但比起我手中前两次做的小板凳，已经有很大的进步了。"

我都不知道从哪里来的勇气，一口气说了那么多话。老师显然对我的话感到很惊讶。他想了一下才说："你说得对，我们应该赞美这三只糟糕的小板凳，它们让我看到了你的努力和进步。"

同学们的笑声渐渐低了下去，大家都向我投来肯定和鼓励的目光。从那以后，我有勇气去做每一件事情。我相信通过自己的努力，可以让事情一点点变得更好，哪怕它是件糟糕的事情。

虽然我的脑子与其他同学相比显得有些迟钝，但是我对每一件事物都充满兴趣。如果有不明白的地方，我总会想方设法去把它弄明白。

有一次上手工课，老师教大家叠纸盒。当大家都积极地配合老师，一步步跟着叠纸盒的时候，我却拿着白纸趴在桌上陷入了沉思。此时，我在想：这张纸好薄啊！要怎么才能知道它的厚度呢？用尺子量肯定是量不准的。

于是，我向老师请教了这个问题。

老师回答说："这很简单啊！你先量出 100 张纸的总厚度，再除以 100，就得到每张纸的厚度了。"

啊，原来可以这样！我感觉有趣极了。于是我又在想，如果把这张纸对折之后，会是多厚呢？如果对折二次、三次、四次，或者更多，比如三十次，会是多厚呢？

当我向老师提出这些疑问的时候，老师也许觉得我的问题有些多余，便随口说了一句："对折三十次，那肯定是很高啦……大概有十层楼那么高吧。"

老师说得对不对呢？放学后我一直在想这个问题。我回去又演算了很久，终于得出了答案，原来有八万多米高，这可比世界上任何一座山峰都要高呢！

第二天，当我把这个答案告诉同学们的时候，又引来了大家的嘲笑和质疑。他们围着我七嘴八舌地说："吹牛吧！""怎么可能？""你这个笨笨的家伙，又在胡说八道吧？"

我没有理会大家的评论，只是盯着老师，相信他能给我一个答案。老师也对我的这个问题产生了兴趣。他经过仔细演算之后，对大家说："爱因斯坦的答案是正确的。"

看到这个结果，同学们终于信服了。老师也惊讶地发现，原来我这个反应迟钝的笨学生也有"开窍"的时候。而我自己呢，也正是从这样的探索中找到了学习的乐趣，并且一发而不可收，从一位"笨人"逐渐成为科学界的"巨人"。

延伸阅读

热爱运动的科学家

爱因斯坦从小就非常喜欢运动,并坚持不懈,直到老年。因此,人们尊称他为"老年运动家"。

爱因斯坦最喜欢爬山、骑车、赛艇、散步等活动。他在瑞士苏黎世工业大学就读时,尽管学业繁忙,也会每天坚持运动。他认为是运动让他的学习效率得到了大大的提高。

有一次,爱因斯坦出访比利时,却不顾国王和王后为他准备的隆重接待,车到站后他避开了欢迎的人群,自己从车站步行去了王宫。后来,当王后问起他为什么不坐专车而选择徒步时,爱因斯坦笑着说:"我平生喜欢步行。运动给我带来了无穷的乐趣。"

正是因为爱好运动,爱因斯坦在老年时仍保持着健康的体魄和旺盛的体力,一步步地迈向科学的巅峰。

我是老年运动家!

冲破黑暗的天使
——海伦·凯勒

美国人

盲聋作家、教育家、慈善家、社会活动家

出生地：亚拉巴马州塔斯喀姆比亚

生活年代：1880年—1968年

主要成就：致力于为残疾人造福，建立慈善机构，被《时代》周刊评为20世纪美国十大英雄偶像，荣获"总统自由勋章"等奖项；主要著作有《假如给我三天光明》《我的生活》

优点提炼：身残志坚，不屈不挠，富有爱心

上帝关上一扇门，同时会为你打开一扇窗。我的生活正好印证了这一说法。

1880年，我出生于美国亚拉巴马州的一个小镇上。当我还是个小不点儿的时候，可是爸爸妈妈的开心果。妈妈说，那时候的我健康活泼，口齿伶俐，一听到音乐就会跟着节拍手舞足蹈起来，她和爸爸还指望我日后能成为一位音乐家呢。

但是天有不测风云，在我一岁零七个月的时候，一场突如其来的大病彻底改变了我的成长轨迹。连日的高烧让我昏睡了好几天，等我苏醒过来的时候，才发现自己什么也看不见、什么也听不见了，就连"爸爸妈妈"这样简单的字眼，我一个也说不上来了！

我一下子坠入黑暗而沉寂的封闭世界，觉得全世界都把我遗弃了，心中痛苦极了。慢慢地，我的性格变得有些乖戾，脾气也暴躁起来。桀骜不驯的我，那段时间频频和家人发生冲突，到哪儿都是个"麻烦制造者"。曾有一次，因为我的任性，差点儿让年幼的妹妹丢了性命，可我当时却对此置若罔闻。

爸爸妈妈看着我越来越糟糕的状态，常常寝食难安。直到有一天，爸爸通过一个学院的负责人了解到，有一位老师很擅长特殊教育，于是就决定碰碰运气，请她过来教我。

1887年3月3日，对于我来说是个极其重要的日子。这一天，家里为我请来了传说中很神奇的莎莉文老师。我现在仍能清晰地记得那天我和她首次碰面的情景。

按照老师的描述，她说第一次见到我时，我简直像一只掉进水里的小猫咪：一头棕色散乱的头发，衣着很精致却很脏，一个人坐在客厅里，把一堆玩具弄得乱七八糟。

老师笑着和我打招呼，抚摸着我的小脸，为我捋了捋头发。但我仍旧不理不睬。我讨厌陌生人，不过唯一让我感兴趣的是她的行李箱。在我的记忆中，只要是坐着马车来家里的客人，行李箱里总是备有很多糖果和玩具的。

趁着大人不注意，我摸索着打开那个陌生的手提箱，把箱子里的东西全都掏出来，乱扔了一地。这让爸爸非常生气。他认为随便动别人的私人物品非常无礼，于是便对我大吼起来。

莎莉文老师见状，急忙上前拦住爸爸，然后耐心地询问我的意思。当她意识到我是想要找玩具时，就从地上捡起一个玩具娃娃，并用手指在我手心里反复拼写 doll（玩具娃娃）这个单词。我立刻就对这种与众不同的游戏产生了浓厚的兴趣。

莎莉文老师的到来，给我的生活制造了点儿小涟漪。更没想到的是，这些小涟漪慢慢地发散开来，最终改变了我的生活。

我慢慢地接受了老师对我的训练，在她的指导下，开始学习盲文。一次，经过水房的时候，莎莉文老师牵着我进去，拧开水龙头。一股清凉的水从我的手上流过。老师在我的另外一只手上拼写 water（水）。噢，原来水就是这样表现的呀！

春天到了，暖风带来了阵阵花香。老师又把我带到花圃里，让我用小手摸摸花骨朵儿和花瓣的形状，还让我凑近闻闻花的香气。我便

真实地感受到什么是 flower（花）。夏季的雨洒落在地上，带来泥土的味道。老师就让我站在屋檐下，听听雨声，感受一下雨天的滋味。

经过这一系列的体验，我的心扉打开了，也感觉到生命有了新的希望。我像海绵一样，尽情吮吸着知识的甘霖。我拼命地学习盲文，不停地拼写单词。我的心渐渐沉静下来，性格也变得乖巧了。我又能"看"到这个美丽多彩的世界了！

到了十岁的时候，我再也不能满足生活在无声的世界里了。于是家人和莎莉文老师商量，把我送进一所盲聋哑学校学习。在老师的帮助下，我开始学习说话。我听不见别人说话的声音，也看不到别人说话的样子，但这些都难不倒我。老师发音的时候，我就用手跟着"读"，摸着老师的嘴型和颈部，感受老师声带的振动，然后自己就模仿着发音。

一有空闲，我就会来到一个安静的地方，拿着大大的盲文课本，一边用手摸索，一边大声地反复诵读，直到能正确发出清晰易懂的声音。

虽然每次都练得口干舌燥，但是我乐在其中，甚至经常忘记了吃饭睡觉。我每天的任务就是练习，练习，不断地练习。失败和疲劳常常将我绊倒，但一想到我只要坚持下去，就能让我所爱的人看到我的进步，我顿时又有了勇气和动力。

夏天来临时，盲聋哑学校的课程结束了。我回到家，大声喊道："爸爸，妈妈，我回来了！"爸爸妈妈猛然听到了我说话的声音。霎时间，他们冲过来紧紧地抱住了我，争着亲吻我的脸颊，流下了兴奋、欣慰的泪水。

此后，靠着顽强的毅力，我又学会五六门外语。在老师的鼓励下，我大胆开始尝试用稚嫩的文字表达自己的感受，还曾在美国的一家杂志上连续发表文章，让世人感受到盲聋哑世界的生活。

黑暗使我更加珍惜光明，寂静使我更加喜爱声音。我努力奔跑在这条曲折的成长路上，体会到了常人难以体会到的辛酸苦辣，也获得了常人难有的收获。我很庆幸自己有能力冲破黑暗，拥抱生活！

延伸阅读

海伦·凯勒的听与看

海伦·凯勒除了嗜书如命以外，还喜欢骑马、游泳、划船，酷爱戏剧表演艺术。

她划船的时候，靠着水草和花朵的芬芳辨别方向；欣赏瀑布的时候，依靠水沫的飞溅和空气的震动来感受瀑布的宏大力量。靠着不屈不挠的意志，她还学会了唇读，可以通过"手"听到马克·吐温为她朗诵短篇小说。

那么，她又是怎样看展览的呢？她同样也是用灵巧的十指去感受雕塑之美。1937年，海伦·凯勒访问日本时，就曾受到了特殊礼遇，被破格允许用手指抚摩皇室的艺术珍藏和被视为日本国宝的塑像。

手也是能"听"得到声音的。

"笨笨的"艺术天才
——毕加索

出生地：马拉加

生活年代：1881年—1973年

主要成就：现代艺术的创始人，代表作有《斗牛士》《格尔尼卡》《和平鸽》《梦》《亚威农少女》等

优点提炼：善于观察，善于发现，有创意

画家、剧作家、诗人

西班牙

我是毕加索。现在看来，我也许是"人类艺术史上罕见的艺术天才"。可是在我小时候，大家却认为我很普通，甚至有些"笨"。幸亏那时有爸爸的赏识，才让我得以走进了绘画的艺术殿堂。

爸爸是一名大学美术老师，也是我的美术启蒙老师。就在刚学会

走路时，我就像爸爸的"小尾巴"一样，经常跟着他出入各大博物馆，欣赏美术作品，有时还跟着他在画室待上大半天。我常常站在爸爸旁边，静静地看他用画笔将五颜六色的颜料涂抹到画布上，魔法般地演绎出一幅幅美丽的图画。就是在这样看似枯燥的活动中，我体验到了美术创作的乐趣，并为此深深地着迷。因为在画室待的时间很长，爸爸教会了我人生中的第一个单词"piz"（即 lapiz，西班牙语中铅笔的简称）。

我总是"piz""piz"地叫个不停。也就是从这时起，我与画笔结下了不解之缘。它开启了我的艺术之路。

我与画笔的缘分可不仅仅限于它是我学会的第一个词，后来，我会趁爸爸不在时，偷偷地玩他的画笔。等到再长大一些的时候，我就会用画笔涂上颜料，在纸上、墙上、地上或者别的我认为方便的地方开始我的"绘画创作"，有时候，甚至会在自己的身上作画。每完成一件"大作"，我都会得意扬扬地跑去向爸爸妈妈炫耀，希望能够得到他们的鼓励和支持。

在别人看来，这样乱涂乱画的行为足以让人抓狂。但是我的爸妈却非常宽容，他们觉得完全可以接受，只要我开心就好。

上学之后，我的绘画天赋逐渐被更多的人认可，我也渐渐听到有人夸我是"天才"。但这样的艺术天赋并没有给我的学校生活带来多大的快乐，反而是一种煎熬。上课时，我的思绪总是在艺术的国度里驰骋着，想着画画的快乐，以至于不能集中精力听老师讲课。上了两年学，我连最简单的算术题都没学会。

有一次上课时，老师见我又在发呆，就问我："毕加索，一加一等于几？"

对于这种最初级的算术题，相信大家都不屑于回答。但我因为太专注于自己的绘画世界，完全不知道老师在课堂上讲的是什么。我磨蹭了半天，才怯生生地回答："等于……等于二吧？"

老师明显看出了我的尴尬，但好像并不打算就此放过我。他又问："二加一等于几？"

"我……我不知道。"我的话音刚落，同学们便是一阵哄堂大笑，他们嘲笑我连这么简单的问题都答不上来。

老师们认为我智力低下，而且无可救药，经常跑到我家添油加醋地向我爸妈"控诉"我的种种"痴呆"症状。同学们也认为我"异于常人"，经常拿我的傻事调侃。每当看到我发呆的时候，他们就会一窝蜂地凑到我跟前，笑嘻嘻地问："毕加索，你知不知道二加一等于几？"

每当受到大家的羞辱时，我也感觉很委屈。因为并不是我不想好好学习，而是我真的没法儿集中精力听老师讲课。更让人郁闷的是，就算我努力集中精力，也很快就失败了。最后，连最初称赞我有绘画天赋的左邻右舍也开始纷纷"倒戈"，认为我的绘画天赋掩盖不了我的"痴呆"。他们甚至挖苦我："只会画画有什么用？看他呆头呆脑的样子，也成不了什么大事。他爸爸虽说是个小画家，还不是和我们一样穷！"

即使这样,当全世界都认为我是个傻瓜的时候,爸爸并没有放弃我。他坚信我是一个聪明的孩子,只是有些与众不同而已。

为了逃避我在学习上的困顿,我总是沉浸在绘画的世界里。有时候因为成绩差被关禁闭,我正好可以带上一沓纸,在禁闭室里心无旁骛地自由创作。

后来,终于有一天,我用自己独有的绘画眼光,发现了数学符号中的绘画奥秘。比如,"0"像是眼睛,"6"像是鼻子,还有1、2、3……这些数字都可以看成是嘴巴、眉毛、耳朵,等等。这样一来,我对数字也就不那么讨厌了,学习成绩也有了一点点提高。

再后来，我在绘画中发现了一片新天地，可以借助它表达我的需求。如果我想吃油炸甜饼，我就可以通过画一个螺旋状的物体来表示；想吃蛋糕的时候，我甚至会画一幅阿拉伯风格的画……我在绘画中找到了越来越多的乐趣，常常一连画上几小时都不觉得疲倦。

不知不觉中，我的绘画水平得到了飞速的发展，作品里注入了我的思想和灵魂。我渐渐形成了自己的风格，也在绘画天地里找到了快乐和自信。

延伸阅读

毕加索成名的秘密

伟大的艺术家毕加索开创了印象派画风，为西方现代派绘画史画上了浓墨重彩的一笔。时至今日，他的画作仍是世界各地爱画之人想要收藏的珍品。但是，大家可曾想到，这位声名显赫的大画家的成名之路是怎样的呢？

毕加索二十多岁时初到巴黎，在众多以画画为生的年轻人中，他一开始并没有显露出锋芒。在艺术之都巴黎，尚未成名的毕加索想要开创自己的艺术天地，无疑有些难度。他四处碰壁，穷困潦倒，连一幅作品也卖不出去。如果再这样下去的话，他就只能卷起画布回家了。

最后，毕加索口袋里仅剩下十五个银币。他咬咬牙，用这些银币雇用了一些大学生，让他们每天去各大画廊转悠。那些大学生每到一个画廊，左看看、右瞧瞧，什么都不买，最后却都向画廊老板抛下一句问话："请问，你们这里有毕加索的画吗？"

无数次的询问，无疑让毕加索这个名字成了头条。"谁是毕加索？""你看过他的画吗？"这些谈论也成了画商圈子里的热门话题。就在大家的好奇心越来越重时，毕加索带着自己的画作出现了。于是，他的那些画作马上被抢购一空。至此，毕加索才真正被巴黎主流画界所接受，一跃成为艺术界冉冉升起的一颗新星。

看谁会笑到最后——罗斯福

美国人

政治家、总统

出生地：纽约州海德公园

生活年代：1882年—1945年

主要成就：连任四届美国总统，推行新政克服经济大萧条；带领美国赢得第二次世界大战胜利

优点提炼：正视挫折，坚持不懈地战胜弱点

1882年1月30日，在美国纽约的海德公园里，传来一个男婴的啼哭声，那是我睁开眼睛对这个陌生的世界发出的第一声问候。我的出生对当时已年过五旬的爸爸来说，是个巨大的惊喜。我的爸爸是外

交界和商界的活跃分子，妈妈出身于上流社会，且受过很好的教育。他们给我取名富兰克林·德拉诺·罗斯福。

我的童年生活幸福而安定，爸爸妈妈给我提供了优越的生活环境。因为没有兄弟姐妹争宠，我成了他们生活的核心。据妈妈说，我小时候一直保持着这样的形象：垂肩的金色鬈发，头上戴着苏格兰式帽子，有时会穿传统的苏格兰式短裙，或者穿着英国海员式服装。我总喜欢腆着肚子，神气地走来走去。这活脱脱就是一个贵族少年的模样。

爸爸在培养和教育我方面花费了不少功夫。他亲自教我钓鱼、游泳、划船……冬季，他会带我来到家附近的山坡上，一起享受滑雪的乐趣。拜他所赐，打小我就成了一个出色的小骑手。绿茵茵的草地上，

我骑在专属于我的威尔士小马上欢快地驰骋。到了夏天，我会带着心爱的宠物狗去挖土拨鼠的洞穴，或者是躺在草莓丛中晒着暖暖的太阳，享用着香甜的草莓。

虽然我出身大家族，但是爸爸妈妈都很淡泊，从来不鼓励我以后走上从政的道路。他们希望我和祖辈父辈一样，当个富足的绅士，过宁静的生活。

有一次，爸爸带我去会见当时美国的一把手克利夫兰总统。虽然是老友相聚，但我看到总统的脸上尽是愁容。大人的谈话虽然我听不太懂，但隐约能猜到他们说的是政治经济方面各种棘手的问题。临走的时候，总统摸着我的头说："亲爱的小朋友，我要向你表达一个奇怪的祝愿，那就是祈求上帝永远不要让你当美国总统。"这句话在年幼的我的脑海中留下了深刻的印象，让我充分认识到，入主白宫可不是一件轻松的事情。

爸爸如此爱我，用心栽培我，更从不吝惜地夸奖我，这使得我从小就有着好胜心，在一定程度上督促了我进步。但妈妈却另有看法，她对我的生活严格管束，教育方式上也有着自己的一套。

那时，我们全家都很喜欢下棋。爸爸为了培养我这方面的兴趣，常常让着我，每次都让我赢。他这种特别的教育方式让我的下棋水平提高得也很快，令我经常陶醉在自己是无敌将军的美梦中。看到我的进步，妈妈喜上眉梢。但细心的她觉得太过好胜也是性格的一大弱点，于是决定纠正我。

有一天，妈妈主动约我和她对弈。我高兴地答应了，心想这次一定要赢得漂亮，好得到妈妈的赞美。

第一局下来，我棋风很顺，把妈妈杀得落花流水。妈妈很有风度地称赞我："富兰克林，恭喜你，赢了我一局。你真厉害！"听了妈妈的话，我心里乐开了花，顺口回答说："那我们再来一盘较量较量？"

"好，我倒要看谁会笑到最后！"妈妈信心十足地应了战。

第二局，我以微弱的优势获得险胜。妈妈再次向我表示祝贺。于是我迫不及待地要求开战第三局。

这一局，我感觉自己像是换了个强劲的对手，任凭我使出浑身解数，最后还是攻守失利，妈妈赢了。看着落败的结局，我的眼泪在眼眶里打转，恼羞成怒之下，我把棋盘给掀翻了，棋子撒了一地。

见此情景，妈妈严厉地对我说："这只是游戏。快把棋子捡起来！"

依我的倔脾气，哪里听得进去妈妈的话。

妈妈又变得和颜悦色，温柔地说："下棋是一项竞争，竞争必定有输赢。你怎么就输不起呢？失败乃成功之母。如果你怕失败，不能正确地面对失败，恐怕你将来永远也不会成功！"

妈妈的话在我的耳边萦绕，深深地撞击着我的大脑神经。后来我想了很久，爸爸妈妈每次输棋，都没像我这样没有风度地大吵大闹，而是很有礼貌地夸奖和祝贺我。我既然选择了这个游戏，就应该遵守这个游戏的规则，要学会坦然面对输赢。

后来，妈妈还是经常找我下棋。但自从那次以后，我便能以一颗平常心应对输赢。妈妈通过这样巧妙的方式，让我学会了如何面对挫折，不至于让我在后来的人生道路上遇到挫折就一蹶不振。直到后来，经过了诸多人生的打击和考验，我才更深切地体会到当初妈妈的良苦用心。

从克利夫兰总统的奇怪祝愿到妈妈对我心智的磨炼，我经历了人生成长中重要的几个环节。几十年后，我因为感染脊髓灰质炎而留下了瘸腿的毛病，但这仍然没有击垮我。我坦然地接受治疗，加强锻炼，不相信这个病能够打倒我一个堂堂男子汉。1928年，我竞选纽约州州长获得了成功，后来又在1932年以新政演说击败了竞争对手，成为美国总统。我感谢这些挫折让我跌倒，同时也让我变得越来越坚强！

延伸阅读

连任四届总统

罗斯福在第一任美国总统任期内政绩斐然，使民主党在美国人心目中成了一个"改革"的党，而他本人则成了一位"改革"的旗手。在一片赞扬声中，罗斯福迎来了1936年大选。出色的经济措施使罗斯福连任总统一职成为众望所归。

在第二个总统任期内，罗斯福进一步解决了国内经济复苏问题，并在不断取得成果的基础上加强了外交措施。通过这一系列的措施、政策，罗斯福成功地使美国势力在全球范围内得到了扩张。后来，由于世界战争频繁，为保证美国对外政策的一致性，美国人特别不赞成领导人中途易人。于是，罗斯福又第三次当选为美国总统。

1944年11月17日，罗斯福再次以53%的得票率，第四次当选为美国总统。他一共连任四届，当了12年零39天的美国总统，是第一位任期超过两届，打破华盛顿先例的总统。

拥有自己的化学实验室
——鲍林

出生地：俄勒冈州波特兰市

美国人

军事家、政治家

生活年代：1901年—1994年

主要成就：量子化学和结构生物学研究的先驱者之一；第一次描述了化学键的本质，发现了蛋白质的结构，揭示了镰状细胞贫血症的病因；1954年获得诺贝尔化学奖；1962年获得诺贝尔和平奖

优点提炼：做事执着，坚韧不拔

　　我爸爸是个药剂师，拥有一间自己的实验室。在爸爸的影响下，我对做实验产生了浓厚的兴趣。爸爸也开始有意识地教我怎么调配药品，怎么做实验。不幸的是，在我九岁的时候，爸爸去世了。不久，

妈妈带着我和两个妹妹回到了波特兰，家里的日子变得日趋贫困。

我变得孤僻寡言，很少跟妈妈和妹妹们交流。后来，我在家里的地下室里用廉价的木材搭建了一间简陋的储藏室，用来陈列和保护平时收集到的昆虫标本、矿石等收藏品。更重要的是，我有了一个可以避开妈妈和妹妹们的小天地。这个小天地，除了我的好朋友杰夫列斯，谁也不能进去。杰夫列斯和我志趣相投，也对自然科学感兴趣。

一天下午放学后，我再次邀请杰夫列斯到我的储藏室去玩。杰夫列斯说："莱纳斯，今天到我家去玩吧。我们可以做一些奇妙的化学实验，有趣极了！"

我接受了他的邀请。我们一同来到他家里，先参观了他自制的一些简单的化学器皿，然后开始做实验。第一个实验，杰夫列斯把各种颜色的粉末混合在一起，制成溶液，吹出了五彩缤纷的气泡。第二个实验，他找来一个瓷碗，把食糖和氯化钾放进碗里搅拌，然后小心地滴入硫酸。突然，一股火焰蹿了出来，瓷碗里只留下水和一堆黑色的炭。看到眼前这一切，我顿时入了迷。在化学世界中，事物竟然可以发生变化，发生如此令人惊讶的变化！从那一刻起，我立志成为一名化学家，尽管我当时并不清楚什么是化学家。

我跑了一英里路急急忙忙回到家，急不可待地要做一点儿类似化学实验那样的事。我能找到的唯一设备是妈妈的小酒精灯。我制作了一个架子，点燃酒精灯，开始第一次化学实验——煮开水。遗憾的是，我把水装在酒精灯的玻璃盖子里煮，结果玻璃盖子碎裂了。我的第一次化学实验就这样以失败告终。

接下来，我把那间地下的储藏室改造成了一间化学实验室，原先陈列的昆虫标本和矿石被移到了角落里。我常带杰夫列斯到地下实验室去，那里经常散发出化学混合物的难闻气味。我实在太穷了，没有钱买设备和实验材料，于是我就到垃圾堆里找。我家附近有位尤库姆先生，他管理着一家牙科学院的仓库，偶尔也从仓库里拿些缺了口的报废实验器皿给我。但这远远满足不了我的需求。

就在一筹莫展的时候，我竟然发现了一座堆满化学材料和实验设备的宝库。真是天无绝人之路！

原来，我周末经常乘坐有轨电车或郊区火车去看望爷爷和奶奶，他们对我宠爱有加。爷爷在一家废弃的冶炼厂当巡夜工，我每次都会到冶炼厂去玩。一天，我在荒凉破败的冶炼厂里乱转，发现了一间上了锁的房间。我从窗户往里面看，只见屋里有很多架子，架子上堆满了装着矿石样品的瓶瓶罐罐；很多黑色大玻璃瓶里盛放着浓硫酸；各式各样的容器和木箱里装着不同的化学药品；屋子里随处可见形形色色的玻璃器皿和仪器设备。天啊！那些不就是我梦寐以求的东西吗？我欣喜若狂，跑到爷爷那里打探究竟。

爷爷说："那间屋子是实验室，分析铁矿石用的。冶炼厂关闭后，里面的东西也就没用了。"

我央求道:"爷爷,既然这个实验室已经废弃不用了,里面的东西给我一点儿好不好?我有大用途啊!"

爷爷向厂主一说,厂主很痛快地答应了。从那以后,我每个周末再去爷爷奶奶家,等到乘车回家时,都会带上一些从冶炼厂搜罗来的"战利品"。我还从家里带来一只破旧的大箱子,把搬得动的任何东西都往箱子里塞。乘火车的时候,我随身带着装满几十磅高锰酸钾和其他化学药品的箱子,一面瞪大眼睛注视着周围的乘客,一面双手紧紧地抓牢夹在两腿之间盛着五加仑浓硝酸的大玻璃瓶。我一路提心吊胆,生怕被人撞到。如果玻璃瓶不幸摔碎了,浓硝酸洒了,那我就闯大祸了。

好在由于我小心保护那些物品，什么事情也没有发生。

有一次，我准备把一个小型电熔炉运回家。可是电熔炉不能拆散装运，于是我就请好朋友杰夫列斯帮忙。我们一起把电熔炉拖到河边，装上一条借来的小船，然后两个人划船十几英里到达一个码头，上岸后再把电熔炉装上手推车，沿着山路用力推行了两英里，最后总算成功运回了家。

做完这一切后，我终于拥有了一个属于自己的、设施相当先进的化学实验室。

延伸阅读

坚强的和平战士

1945年8月7日清晨，鲍林走进加州理工大学附近的一家杂货店，买了一份当天的报纸。报纸的通栏标题凸现在他的眼前："日本遭原子弹重创。"

读完报纸，鲍林感到非常震惊。在以后的岁月里，他永远也忘不了那天早晨的情景。

鲍林坚决反对把科技成果用于战争，特别反对核战争。他倾注了很多时间和精力研究防止战争、保卫和平的问题。可他为和平事业所做的努力，竟遭到美国保守势力的打击，甚至限制他出国讲学，干涉他的人身自由。直到1954年，美国政府才被迫取消了对他的出国禁令。

1957年5月，鲍林起草了《科学家反对核实验宣言》，在短短几个月内就有一万多名科学家签名支持。1958年，他把这份宣言交给联合国秘书长，向联合国请愿。1959年，他和罗素等人创办了《一人少数》月刊，反对战争，宣传和平主张。

1962年，鲍林获得诺贝尔和平奖。他在领奖演说中说："在我们这个新时代，世界问题不能用战争和暴力来解决，而应按照对所有人都公平、对一切国家都平等的方式，根据世界法律来解决。"

战争和暴力是解决不了世界问题的！

诺贝尔和平奖

缺乏童趣的童年——梅纽因

美国人（俄国犹太裔）

小提琴演奏家、指挥家、作曲家

出生地：纽约市

生活年代：1916年—1999年

主要成就：1965年获得不列颠帝国二级勋位；从1969年连续三年当选联合国教科文组织国际音乐理事会主席；创办了梅纽因音乐学校

优点提炼：勤奋好学，做事执着

　　我的爸爸妈妈是虔诚的音乐爱好者。爸爸虽然是一位牧师，小提琴却拉得超级棒。妈妈不仅会弹钢琴，而且还是一位不错的大提琴手。正因为这样，我的家里始终有一种浓厚的音乐气氛。

　　从我还不懂事开始，爸爸和妈妈就经常抱着我出入音乐厅和歌剧院。说来也奇怪，我一听到音乐就会本能地兴奋起来，对乐队中的每一件乐器都特别感兴趣。两岁生日那天，爸爸妈妈带我去听旧金山交响乐团的音乐会。我发现乐队首席的那把小提琴居然会唱好听的曲子，心里特别喜欢，就挥动着小手，指着那把"会唱曲子"的小提琴，含混不清地说："我要，我要。"第二天，妈妈就买了一把玩具小提琴，作为生日礼物送给了我。我翻来覆去摆弄了一阵子，发现这把玩具小提琴"不会唱曲子"，就生气地把它扔到地上，摔碎了。

到了四岁生日那天，我终于拥有了一把真正的小提琴。爸爸妈妈把我送到当地一位著名小提琴教师那里，开始了正规的学习。我进步很快，刚学了半年，就在豪华的"费尔基特大酒店学生演奏会"上举行了成功的演出，引起了全场观众的极大关注。从此，我有了一个绰号，叫"罕见的神童"。

七岁那年，我又投在旧金山交响乐团的首席、著名小提琴家兼小提琴教育家路易斯·帕辛格的门下，成为他的学生。在他的悉心指导下，我的演奏技艺突飞猛进。来到帕辛格门下的第一年，我就在一次正式音乐会上出色地演奏了门德尔松的《e小调小提琴协奏曲》，第二年，又在纽约的曼哈顿歌剧院举行了音乐会。

但我取得的这些成绩和进步，是以牺牲童年时代的快乐游戏为代价的。爸爸妈妈对我寄予很高的期望，几乎控制了我所有的时间。我基本没有接受过正规的学校教育，文化课都是由妈妈在我练琴与巡回演出的休息间隙教授的。她不让我骑自行车，更不让我骑马，生怕伤了我的手指。在整个童年时代，我能见什么人，能做什么事，完全由妈妈决定。

我虽然经常周游世界巡回演出，但我实际上生活在一个与世隔绝的"人造空间"中。

在我十岁的时候，我们全家搬到了"艺术之都"法国巴黎。爸爸妈妈领我去拜见了著名的小提琴演奏大师乔治·艾涅斯库。见到艾涅斯库后，我迫不及待地说出了自己的心愿："我想跟您学琴。"

"可是，我亲爱的孩子，你大概不知道，我从来不给私人上课啊。"艾涅斯库回答道。

"但是，我一定要跟您学琴。我求求您听听我拉琴吧！您可以听完之后再做决定。"我的态度是那么执着，声音是那么恳切。

"你看，我正要出远门呢。明天清早六点多就要出发。"

"我可以早来一个钟头，趁您正在收拾东西的时候拉给您听，行不行？保证不耽误您出发……"

也许是我的天真、直率和执着令艾涅斯库无法再拒绝，于是他说："那么好吧，明天早晨五点钟，请到克里希街二十六号来，我在那里等你。"

第二天早晨不到五点，我就背着小提琴，在爸爸的陪伴下站到了克里希街二十六号门口。可是一直等到六点钟的时候，艾涅斯库才姗姗来迟。

他见我还站在那里，吃惊地说："孩子，你一直在这里等我吗？"

我说："是的，先生，我从五点钟就在这里等您。"

艾涅斯库深受感动，抱歉地说："对不起，孩子，我来得太晚了。"他边说边打开房门，"快进来吧，孩子。"

到了房间里，我拿出小提琴，演奏了一支曲子。听完我的演奏，艾涅斯库满意极了。他兴冲冲地来到门口，对等候在门外的爸爸说："我很高兴认识你们，并感谢你们带来了这个孩子。我愿意当他的家庭教师，而且不收学费。因为他给我带来的欢乐，完全抵得过我能给予他的东西。"

从那以后，艾涅斯库就成了我的家庭教师。在艾涅斯库先生的用

心培养下，我无论在小提琴演奏技艺上，还是在艺术修养上，都得到了非同小可的提升，很快就成为一名出类拔萃的少年小提琴家。十三岁那年，我在柏林举行了一场独奏音乐会。那场音乐会上，我在指挥大师布鲁诺·瓦尔特指挥的柏林爱乐乐团的配合下，一口气演奏了巴赫、贝多芬和勃拉姆斯的小提琴协奏曲。这场演出还惹出了一场严重的骚乱，狂热的观众起立鼓掌长达四十分钟，街上没票的听众非要挤进音乐厅不可，连警察也控制不了局面，结果音乐厅的二十多扇窗户被砸坏。

音乐会结束后，著名物理学家爱因斯坦走到后台，激动地抱着我，对我的演奏大加赞赏。

延伸阅读

梅纽因与擦鞋童的故事

1952年，梅纽因到日本巡回演出。一位擦鞋童听说世界闻名的小提琴家梅纽因来到日本演出，于是借贷变卖，好不容易凑钱买了一张最便宜的入场券。

梅纽因听说这件事以后，谢完幕便径直来到低档座席区，找到了那位擦鞋童。他不顾擦鞋童衣衫褴褛，把孩子的小手握得紧紧的，轻声询问孩子需要什么帮助。

擦鞋童羞怯地说："我什么都不需要，只是想听您的琴声。"

梅纽因激动得热泪夺眶，于是将自己当晚演奏的那把贵重的小提琴赠给了擦鞋童，并与他合影留念。

三十年后，梅纽因再次来到日本演出，又想起了那个当年的小知音，说什么也要再见到他。几天后，当年的擦鞋童终于找到了，他此刻正住在一家贫民救济院里。

见面后，两个人紧紧地拥抱在一起。从交谈中得知，这位贫病交加的中年人，多年来一直生活拮据，可是他却断然拒绝了每一个想出高价收购那把小提琴的人。

他动作迟缓地从衣服内兜里摸出那张合影照，又取出那把珍贵的小提琴，请求梅纽因："我什么也不要，只想再次听到您的琴声。"

梅纽因打开琴盒盖，取出那把阔别了三十年的旧琴，调了几个音，眼含泪水地拉起了当年演奏过的几支曲子。面对此情此景，在场的人无不落泪……

追求平等自由的孩子——曼德拉

南非人　总统

出生地：特兰斯凯

生活年代：1918年—2013年

主要成就：诺贝尔和平奖获得者、《时代》周刊年度风云人物（1993年）；著有《走向自由之路不会平坦》《斗争就是生活》等书；被誉为"南非国父"

优点提炼：性格刚强，睿智坚毅

  1918年7月18日，我出生在南非特兰斯凯的一个小村庄。虽然我的爸爸是当地的酋长，但是在黑人的世界里，大家都是平等互爱的，所以我们一家和周围邻居的生活没什么不同。

  我的家乡几乎与世隔绝，那里群山起伏，河流环绕。肥沃的草场上，成群的牛羊懒洋洋地吃着草，大片大片的玉米地连成一片，小孩儿们在河里的浅水区嬉戏着，四处有劳作忙碌的村民……这个偏僻的小山村就像世外桃源一样安静、祥和，和外面的世界完全不同。要知道，当时很多国家正饱经战火之苦。

那时候，我经常和小伙伴们一起去放牛。我给每一头牛都取了一个好听的名字，赶牛的时候不用棍棒，只要轻轻叫一声牛的名字，它就会听从我的指挥。伙伴们都很奇怪，牛为什么会听我的话呢？其实他们不知道，我是打心底里把牛当作朋友来看待的。牛吃草的时候，我就在一旁背诵诗歌给它们听；牛吃饱喝足了歇息的时候，我就摸着它们的脖子，跟它们说话。在我的世界里，牛和我们人类一样是平等的，应该受到尊重。

但是后来，我心目中平等自由的生活被彻底打破了：白人出现在我们的世界里，并且和我们黑人之间的冲突日趋严重。七岁那年，我成为家族中第一个上学的人。虽然身为部落首领的后裔，我们一家却过着清贫的生活。为了让我体面地上学，爸爸剪短了自己的裤子给我穿。因为腰身太大，我找来了一根麻绳当腰带，再配上刚从他身上脱下来的大衬衫，这就是我当时的"校服"。

当时,学校已经是白人的天下,能够享受教育的大多是白人的孩子。因为肤色不同，我们经常受到白人的歧视，就连我们的名字也笼罩上了种族歧视的色彩。

最初，爸爸给我取名豪利沙沙，字面上是"拽树枝"的意思，但是也可以引申为"惹是生非的家伙"。这个名字引来白人的很多非议，他们认为爸爸给我取的名字寓意不好，不符合他们所谓的标准。老师也很不喜欢我的名字，于是带着一副不屑的表情对我说："你的名字实在看着别扭，读着也拗口，不如以后就改名叫'纳尔逊'吧！"

我还来不及表示接受，老师就在花名册上写下了纳尔逊·曼德拉。他觉得我必须有一个像白人一样的名字，才能适应社会。

那天我回到家后，就把新名字告诉了爸爸妈妈。爸爸听了勃然大怒，气呼呼地说："我们黑人难道连自己叫什么名字都要由白人来决定吗？他们为什么要对我们的生活横加干涉？"妈妈面对那个陌生的名字，甚至都不会准确地发音。对此，他们虽然也无力改变什么，但是作为抗争，他们后来基本上不叫我纳尔逊。

我的爸爸在我们那里很有声望，大家都很尊敬他。但是因为白人的介入，爸爸的地位变得很尴尬。在我的印象中，爸爸为人正直，对待小孩子非常严厉。受其影响，我和他有同样的性格。从小起，性格刚强、崇尚民主的我经常目睹白人政府对黑人各种各样的歧视和压制，于是从心底逐渐萌发了寻求正义和平的理想。

我九岁那年，爸爸因病去世，我们整个家族陷入了混乱和困窘。我被寄养在临时主政的酋长家里，我的生活发生了很多变化。我不用再去学校读书了，而是每天和同龄的男孩子一起玩。我们骑马，用弹弓打鸟，玩骑马打仗的游戏。我完全被这个全新的世界吸引住了，玩得不亦乐乎。但是收养我的代理酋长却对我说："虽然你不用去学校读书了，但是你的学习之路不能中断。今后我们说什么、做什么，你都要留心观察，学会思考。你不要被眼前的安逸生活蒙蔽，要做一个有智慧的人。"

代理酋长的话对我启发很大。后来，他召集智囊团商议大事的时候，我也会请求参加，即便听得似懂非懂。每个参加会议的人都可以自由地发表意见，包括酋长、庶民、军人、医生、店主、农场主和雇工。这样的发言通常会持续好几小时。每到这个时候，我就变成了一个渴望吸取众人智慧的旁听生。

通过观察，我发现他们不仅仅提出了好的意见，还常常表达对酋长的批评。无论是褒是贬，酋长总是认真地听，不辩解，也不激动。直到会议结束的时候，他才站起来总结大家的发言。大家都会被他或幽默或睿智的话逗乐，会场气氛很和谐。

我的成长受这位酋长的影响很大。他曾经对我说："当你想把羊群赶往某个方向，你只要拿着棍子站在后面，让有活力的羊冲到前方，其他的羊就会尾随其后。一个领导者，就应该是背后的指挥者。"经过一次次这样成功的演示，我在以后的政治和学习生涯中，总是习惯最后一个发言。在我的意识中，自由、平等、尊重都是领导者应该懂得的艺术，也是人与人之间交往的前提。

生活总是充满着很多变数。在跌宕起伏的人生经历中，我做过律师、自由战士，也曾被判为政治犯，在监狱里待了二十多年。但这些都没有让我失去方向和信仰。通过一桩桩刻骨铭心的事情，我反而觉得，当你登上一座大山之后，会发现还有更多的山要去攀登。我便是在这样的思想指引下，为种族斗争和世界和平做出了不懈的努力。

延伸阅读

从囚犯到总统

曼德拉一生致力于反抗种族主义和维护世界和平。他曾经被关押了长达 27 年,受到非人的待遇。白天,他被迫去采石场做苦工,晚上则蜷缩在 4.5 平方米的狭窄囚笼里,连脚都不能伸直。

出狱后,曼德拉继续为南非的反种族歧视运动努力奔走。

世界需要和平!

终于在1994年5月，他成为南非首位黑人总统，这标志着这场斗争的最后胜利。

中国香港歌手黄家驹听说了曼德拉的事迹，对他的精神大为感动。为了表达对这位非洲领袖的敬意，黄家驹特意创作了《光辉岁月》这首歌。

"黑色肌肤给他的意义，是一生奉献，肤色斗争中，年月把拥有变作失去，疲倦的双眼带着期望。今天只有残留的躯壳，迎接光辉岁月……"南非驻中国大使向曼德拉推荐了这首歌。为了了解这首歌，曼德拉特意学习了中文。当他得知歌词大意后，禁不住感动得潸然泪下。

文艺伴我成长
——米兰·昆德拉

出生地：捷克布尔诺市

生活年代：1929年—2023年

主要成就：曾获以色列"耶路撒冷"国际文学奖、欧洲文学奖，荣列外国作家富豪榜第九名；代表作品有《生命中不能承受之轻》《生活在别处》《玩笑》等

优点提炼：爱好广泛，多才多艺

法国人、捷克人

作家

　　每年的4月1日，除了是惯例的愚人节之外，对我来说还有另外一层意义，那就是我的生日。1929年4月1日，我在当时的捷克斯洛伐克的第二大城市布尔诺市出生，这里的一切滋养了我的成长。

　　我的爸爸是一个著名的音乐家，在布尔诺钢琴音乐学院担任院长。

我的孩提时代基本上都是在爸爸的书房里度过的。那是一段让人难忘的岁月，爸爸给学生讲课，我就在旁边一边玩耍，一边默默地听。

从我四岁起，爸爸就亲自教我弹钢琴，引领我一步步走进音乐世界。他每天都会严格按照整理好的曲谱督促我弹钢琴。从最简单的儿歌到后来的名家名曲，虽然过程不免有些枯燥，但是好在我很喜欢音乐，也乐于陶醉在这样的欢愉中。

少年时期的我兴趣十分广泛。有段时间，我沉迷于造型艺术，一心想当雕塑家和画家，还一度为剧院和出版社画过插图。后来，我又回归音乐，狂热地认为音乐更有魅力，于是经常跑去听音乐专业课。除了这些，我还喜欢诗歌。捷克向来是个善于抒情的民族，因此我又将自己的热情投入到写诗中去。

这里不得不提到的一个人，便是我的堂兄卢德维克。他是一位诗人。小时候，我很腼腆，而他则结识了很多有才华的人。于是我经常跟着他学习诗歌创作。

有一天，我正在家里看书（要知道爸爸可是有很多藏书的，我一有时间，就会去他的书房打发时间，那些国内外的名著都是我的最爱），突然听到一个声音传来："嘿，昆德拉，我亲爱的弟弟，你知道是谁想见你吗？"

哦，是卢德维克，我心想他今天又有什么新点子了。

"你知道谁想见你吗？"堂兄再次喊道，脸上挂满了抑制不住的

兴奋。

"你是说我吗？谁想见我呀？"

"你崇拜的格罗斯曼大师，他很想见你，还邀请你明天和他共进午餐！"

"什么？格罗斯曼！你说的可是真的？"我简直不敢相信自己的耳朵。那可是当时我最崇拜的人了，我梦寐以求的事情就是哪天能见上他一面。

"是真的，我怎么会骗你呢！我是通过一个朋友向格罗斯曼转达了你对他的崇拜之情，又把你写的一些诗歌拿给他看了。他觉得你很有艺术天赋，于是想约你见面呢！"

"噢！我要去见格罗斯曼了！我要去见格罗斯曼了！"我在书房里跳着欢呼。

那个晚上，我几乎没有睡着，一直在想第二天见到大师要说什么话才得体，怎样才能给他留下好印象。我还换着各种语气，模拟和他对话的样子！

第二天清晨，我早早起床，带着朝圣般的心情，独自一人踏上了去布拉格的火车。我抑制不住兴奋，一个人在车上傻笑和自言自语，惹得周围的乘客都很吃惊。他们一定认为这个小孩儿是不是受了什么刺激！

到了格罗斯曼家，我终于见到了大偶像。我的心跳怦怦怦地加快了速度，前一天晚上准备好的话到了嘴边，就是说不出来。格罗斯曼微笑地看着我，没有一点儿架子。虽然在常人眼中，我还只是个稚气未脱的小孩儿，但他却像对待朋友一样接待我。慢慢地，我不紧张了，恢复到正常的状态。

通过和格罗斯曼一个下午的交谈，我感受到他身上的人格魅力，同时也收获到了朋友般的温暖。正是在他的影响和鼓励下，我有了更多创作诗歌的冲动。

长大之后，我在音乐、绘画、电影、诗歌等方面逐一摸索了一遍，但最终随着年龄的增长和阅历的增多，我又发现了自己写小说的天赋，并在这条路上实现了人生的梦想。

延伸阅读

像交响乐一样的小说

因为父亲是一位著名的音乐家，母亲也喜欢各种艺术，所以，米兰·昆德拉的家庭文化气氛浓郁。从小开始，米兰·昆德拉的父亲就开始培养儿子的音乐素养，教他弹钢琴。成年之后，米兰·昆德拉虽然成了作家，但是他的作品中仍然具有强烈的音乐感，有着音乐的结构和旋律。

比如说，他的不少长篇小说都像交响乐一样分成七个部分。如长篇小说《生命中不能承受之轻》《生活在别处》《不

> 七个音符，七部小说！

朽》《玩笑》《笑忘录》等。他的短篇小说集《好笑的爱》，也是由七个短篇小说构成的。还有他早年的文学评论随笔集《小说的艺术》和后来的小说评论集《帷幕》，也都是由七个部分构成的。

七这个数字，就像音乐的七个音符一样，在米兰·昆德拉的小说结构中起着非常重要的作用。有人说，只有具有现代音乐素养的人才更能够进入他的世界，理解他的小说。

思维奇特的探索者
——斯蒂芬·霍金

出生地：牛津

英国人

物理学家、思想家

生活年代：1942年—2018年

主要成就：探索宇宙奥秘，证明了著名的奇性定理和黑洞的面积定理；著有《时间简史》《果壳中的宇宙》《大设计》

优点提炼：身残志坚，不向命运低头

  我出生的时候，第二次世界大战的战火燃遍了整个欧洲。一时硝烟四起，民不聊生。好在我的家乡属于德国承诺不轰炸的区域，所以相对安全一些。

  我的爸妈曾经都是牛津大学的学生。爸爸毕业后成了一名热带病研究的医学家，妈妈婚后做了全职太太。

小时候的我不仅没有表现出什么惊人的天赋，而且很晚才学会阅读，以至于同学经常以"慢半拍"来嘲笑我。他们还给我取了一个具有讽刺性的外号——"爱因斯坦"。因为我字迹潦草，作业不够整洁，老师也对我颇有微词。甚至有两位同学还用一袋糖果打赌，说我永远不可能成才。不过，在一次分班测试中，我因为超水平发挥，被分到了一个很好的班级，这大大地出乎了大家的意料。

我对于童年的记忆，最多的莫过于电动玩具。我对汽车和火车类玩具尤其痴迷。但是因为战时的工业大部分都在供应军用物资，所以国内基本上不制造玩具。

我所有的喜好爸爸都看在眼里。有一次，他将自己用心制作了几天的一列木头火车递给我。"斯蒂芬，你要的火车来了！哐当哐当……"他希望能博得我的开心。可是我看了看，不满意地走开了，因为我想要的是那种能动起来的机械火车。

后来有一年圣诞节，爸爸不知道从哪儿弄来了一列二手的带发条的玩具火车，它拧紧发条后可以跑动一会儿，这才满足了我的要求。还有一次，爸爸从美国出差回来，给我买回了一列带有轨道的玩具火车。至今，我还能清晰地记得自己打开礼物时的激动心情。

除了爸爸给我这方面的满足，我自己也在追求电动火车上花过不少心思。我经常跑到附近的铁路模型俱乐部去看展览，曾经还瞒着大人用自己积攒下来的所有零用钱买了一列电动玩具火车。只是那次经历让我既开心又伤心。开心的是,我终于拥有了属于自己的第一列电动火车;伤心的是,没过多久,这列火车就因为电动机的问题不能正常运行了。不过,这反倒激发了我对电动机内在构造的兴趣。我想弄清楚它们是怎么工作的,于是就把部件都拆卸下来。

之后的一段时间,我看到一切能动的东西,都有想打开一探内部构造的冲动。在这个想法的驱动下,我毁坏了不少玩具。可爸妈并没有因此责备我,而是在指导了我一些注意事项后,表扬了我的探究精神。

我的这些经历让爸爸挺为我自豪的。不过,作为一个医生,他还是希望我能像他一样去学医。可是,我觉得生物学太具体,很无趣,我想

做的是去发现不为人知或意料之外的事。渐渐地，我对观察天文、探索宇宙产生了浓厚的兴趣，便将它确定为我未来努力的方向。

对自己感兴趣的东西，我总是格外用心。我记得有一天，老师留下十三道难题让我们做，只规定了交答卷的时间，但是没有说一定要做多少道题。

这些题目确实有些难度，但好在我本来就喜欢面对挑战，于是花了一晚上时间，一口气做出十道题。第二天早上，我将答卷交给老师的时候，遗憾地说："真糟糕，还有三道题做不出来！"

老师接过答卷后惊讶地说："斯蒂芬，你不用感到遗憾。你知道吗，其他同学可是没有一个人能做出三道以上的！"看到我吃惊的样子，他又笑着补充道，"真是好样的！你平时看上去不怎么上进，没想到却是来自不同星球的耀眼之星呀！"

其实，我并不是不好学，而是对当时学校的教学方式不太认可，所以就沉浸在自己那套独特的学习方法之中罢了。

还有一次，物理老师让我做几道题。我拿到题目后，看见题目本身就有差错，于是全部标了出来。"先生，原谅我不能如你所愿做这些题目。"我说。

老师疑惑地问我："为什么？我可以多给你一些时间。"

我递上题目说："我把做题的时间都用在改正题目上了。您看！"老师接过后认真地审阅起来。他很快也看出了其中的问题，不但没有责怪我，反而称赞道："谢谢你的提醒！你对这门课程了解得如此透彻，以后我们得互相学习了！"后来，他还在课堂上表扬了我，同学们也开始对我刮目相看了。

延伸阅读

"我还有一颗感恩的心！"

在21岁的时候，霍金不幸患上了会使肌肉萎缩的卢伽雷氏症。当时医生诊断他只能再活两年。而霍金却顽强地与疾病抗争，竟神奇地活下来了。但他的全身逐渐瘫痪，并且失去了说话的能力。

因为被禁锢在轮椅上，他的身体严重变形，头只能朝右边倾斜，肩膀左低右高，两脚则朝内扭曲着，嘴已经歪成S型。可是在这样的情况下，他仍然取得了举世瞩目的成就。

一次演讲结束后，一位女记者冲到演讲台前问道："先生，病魔将您永远固定在轮椅上，您不认为命运让您失去了太多吗？"

霍金的脸上充满了笑意。他用自己还能活动的三根手指艰难地叩击键盘后，显示屏上出现了四句话："我的手指还能活动，我的大脑还能思考，我有终生追求的理想，我有爱我和我爱的亲人和朋友。"

在回答完女记者的提问后，他又艰难地打出了第五句话："对了，我还有一颗感恩的心！"

会场上顿时爆发出了雷鸣般的掌声。